JR路線大全 VIII

近畿圏・山陰本線

323系
大阪環状線　弁天町〜大正間
写真／目黒義浩

大阪・神戸のベッドタウンとして人気の福知山線沿線。宝塚を過ぎると今も河川沿いの絶景が広がる。

下滝〜丹波大山間　写真／牧野和人

穴伏川を越える和歌山線の橋梁は、水しぶきが美しい。227系1000番代が行く。

名手〜西笠田間　写真／牧野和人

山陰本線を行く「〇〇のはなし」。山陽本線と比べ本数が少なく、所要時間もかかるが、絶景なら負けない。

玉江〜三見間　写真／牧野和人

「SLやまぐち号」が走る山口線は、国鉄最初のSL復活路線。D51形200号機が夕日に映える。

仁保〜宮野間　写真／牧野和人

Contents

※本書の内容は2021年2月15日現在の内容を元に作成しています。
※本書の内容等について、JR各社、関連会社、私鉄・民鉄各社等へのお問い合わせはご遠慮ください。

第1章　15 …… 大阪環状線

第2章　27 …… 近畿圏各線

28 …… 桜島線
32 …… 片町線
38 …… 福知山線
46 …… 阪和線
52 …… 関西空港線
56 …… 和歌山線
60 …… 桜井線
64 …… おおさか東線
68 …… JR東西線
　　　　コラム
72 …… 大阪の物流を支える貨物駅

第3章　73 …… 山陰本線

78 …… 京都〜出雲市間
84 …… 出雲市〜幡生間

山陰本線の駅

91 …… 城崎温泉駅
　　　　コラム
92 …… 三江線〔三次〕と〔江津〕を結んだ陰陽連絡線

10

93 …… 山陰本線の周辺路線

94 …… 舞鶴線
98 …… 加古川線
102 …… 播但線
106 …… 因美線
110 …… 伯備線
116 …… 境線
120 …… 木次線
126 …… 美祢線
130 …… 山口線

135 …… 車両ガイド

特急形電車
381系／281系／285系／287系／289系／271系

通勤・近郊形電車
323系／223系

特急形気動車
キハ181系／キハ187系／キハ189系

一般形気動車
キハ120形／キハ126系

客車・機関車
35系／C57形1号機／D51形200号機／DD51形

JR路線大全

『JR路線大全』では、10冊に分けて全国のJR路線を紹介していきます。
第VIII巻では、この路線図で赤く塗られている路線を取り上げています。

・本書は2021（令和3）年2月15日現在の内容を基に作成しています。
・開業年は、当該路線が一部でも開業した年です。
・全通年は、原則として表題の全区間が開通した年です。
・本書内で出てくる距離は営業キロです。

第 1 章

大阪環状線

大阪～天王寺～大阪 間

VIII

JR路線大全

大 阪 環 状 線

大阪環状線 大阪〜天王寺〜大阪 間

主要駅を結ぶだけではない環状線

大阪環状線は大阪を起点に、西九条、天王寺、鶴橋などの主要駅を結び、中心部を周回する。環状運転だけでなく、他の路線からも数多くの列車を直通させ、利便性を高めている。

路線DATA
開業年	1889（明治22）年
全通年	1961（昭和36）年
起終点	大阪／大阪
営業距離	21.7km
駅数	19駅
電化/非電化	電化・直流1500V
所属会社	JR西日本

※表のデータは、『JR線路名称公告』『日本国有鉄道停車場一覧』等に拠る。『鉄道要覧』『データでみるJR西日本』では、大阪環状線を天王寺〜新今宮間20.7kmの路線とし、今宮〜新今宮〜天王寺間を関西線（関西本線）との重複区間としている。

明治に開業した私鉄2社が起源
昭和30年代に全通した環状ルート

　大阪市街地中心部で環状運転を行い、JR西日本の鉄道網の中核を担う最重要路線が大阪環状線である。Osaka Metro（大阪メトロ）御堂筋線と並び、大阪圏内では最も身近な鉄道路線で、1日を通して通勤・通学客や観光客でにぎわう"大阪版の山手線"といった存在になっている。

　もっとも、大阪環状線の運行状況は、東京における山手線とは大きく異なる。基本的に線内の環状運転のみである山手線に対し、大阪環状線には関西本線（大和路線）や阪和線など、「アーバンネットワーク」と呼ばれる近郊の各路線から直通列車が乗り入れ、非常に複雑な体系となっているからである。

　大阪環状線のラインカラーは「オレンジ色」。かつては103系が活躍する路線として知られたが、現在は国鉄型車両は姿を消し、オレンジ色の帯を巻いた323系が大阪環状線の主力車両として活躍している。しかし実際には、転換クロスシートの221系や223系などの快速列車も頻繁

環状運転が行われる前、城東線と呼ばれていた時代の大阪環状線。車両は101系を使用。玉造　1950年代撮影　写真／辻阪昭浩

現在の大阪環状線は323系を使用する。駅は違うが、高架駅のホームに漂う雰囲気は当時と似ている。寺田町　写真／髙橋 徹

大阪環状線

桜島線とを結ぶ貨物線が出自の大阪環状線の西側区間。西九条〜福島間では複線の旅客線のほかに貨物線が1線ある。西九条〜野田間　写真／牧野和人

に走っていて、「くろしお」「はるか」などの特急列車も数多く乗り入れるなど、オレンジ色の列車の方が"少数派"に思えるほどだ。

　大阪環状線の、他線に例を見ない運行形態は、路線の複雑な成り立ちによるところが大きい。現在の大阪環状線内で最も古い開業区間は今宮〜天王寺間だが、この区間は湊町(現・JR難波)を起点として、1889(明治22)年に開業した大阪鉄道を起源としている。大阪鉄道が玉造を経て、梅田(現・大阪)まで延伸した路線が、現在の大阪環状線の東側にあたる。天王寺〜鶴橋〜大阪間は、関西鉄道時代を経て国有化され、明治末から大阪環状線が全線開業するまで「城東線」を名乗っていた。

　一方、西側にあたる大阪〜西九条間も、現在の桜島線とともに私鉄の西成鉄道が建設、1898(明治31)年に開業した路線で、国有化後は「西成線」と呼ばれていた。時を経て、高度経済成長期の1961(昭和36)年、貨物線を改良・延伸する形で現在の西九条〜今宮間が開業、大阪環状線が完成した。

オレンジ色の通勤形電車に交じり
快速や特急列車も数多く運転

　全線開業以降、環状運転の通勤形電車のみが走っていた大阪環状線だが、1973(昭和48)年の関西本線(湊町〜奈良間)の電化を機に、関西本線の快速が大阪まで乗り入れるようになる。

文／藤原 浩、編集部

1989（平成元）年には、天王寺駅構内の阪和線との連絡線開通により、直通運転がスタートしている。阪和線はそれまで、全列車が天王寺の頭端式（行き止まり）ホームを発着していたが、この連絡線の完成により初めて大阪環状線への乗り入れを果たすことになる。

このとき、特急「くろしお」など一部列車は、西九条から大阪環状線を離れて梅田貨物線に乗り入れ、新大阪・京都方面への直通運転を始めている。1994（平成6）年には、関西国際空港開業に合わせて特急「はるか」および「関空快速」が運行を開始、直通運転が本格化する。連絡線は2008（平成20）年に複線化され、以降は特急・快速列車の大半が大阪環状線に乗り入れるようになった。

そして2001（平成13）年、ユニバーサル・スタジオ・ジャパン（USJ）のオープンにより、アクセス線となった桜島線との直通運転も開始される。こうして、大阪環状線は関西本線、阪和線、桜島線に梅田貨物線を加えた、計4路線との直通運転を行う、非常に利便性の高い路線へと成長するのである。

だが一方で、各乗り入れ路線のどこかでダイヤが乱れると、大阪環状線はもとより他の路線にも影響を及ぼすという、

玉造駅に隣接する高架下の商業施設「ビエラ玉造」は、103系を模した外観をしている。

2014年6月から2017年9月に運転された103系のラッピング列車「OSAKA POWER LOOP」。写真／高橋 徹

ホームに設置されたインフォメーションボードには、各駅にちなんだ図柄が描かれている。写真／高橋 徹

ホームへの番線案内には、回る方向や駅名がデザインされ、各駅にちなんだイラストが入る。写真／高橋 徹

大 阪 環 状 線

大阪環状線の列車は323系に統一された。3扉の通勤形はJRでは珍しい。野田　写真／佐々倉 実

大きな"弱点"を抱えることとなった。
一大プロジェクトで魅力創出
323系は初の専用新製車
　JR西日本では2013（平成25）年12月に「大阪環状線改造プロジェクト」を立ち上げ、満足度の向上と新しい価値の創出による大阪環状線のイメージアップに取り組んでいる。
　具体的には「安全快適な駅づくり（駅美装・改良）」「駅構内および高架下の開発・リニューアル」「車両新製」「地域や他交通事業者との連携」の4つが掲げられた。大型インフォメーションボードを各駅に掲げて案内情報を集約して分かりやすくしたほか、駅構内のリニューアルや高架下の開発などが行われている。
　とりわけ大きな変化となったのが車両の新製で、環状運転用の通勤形車両である323系が2016（平成28）年12月24日にデビューしている。長年にわたり国鉄形車両が使われてきた大阪環状線にとって、323系は大阪環状線のために開発された初めての専用車両であり、大都市圏の通勤形車両では珍しい3扉車である。
　3扉車となったのは、ホームドアの設置を進めるため、快速車両の221系や223系とドアの位置をそろえる必要があったことによる。2019（平成31）年3月までの3年間で8両編成22本、計176両が投入され、2017（平成29）年10月3日に長年親しまれた103系が、2019年6月には201系が引退した。これにより、大阪環状線で運行される車両は、特急車両を除きすべて3扉車で統一されている。

大阪環状線

水の都・大阪の安治川を橋梁で越える323系。もともと貨物線の西成線だったため、沿線には倉庫や工場も多いが、利便性からマンションが増えている。西九条〜弁天町間

大阪環状線

大阪環状線は103系の歴史が長く、201系は2005〜19年のわずかな期間だ。大阪城公園から車両基地を横目に森ノ宮へ向かう。写真／高橋 徹

国電時代のレトロさが残る3路線
多くの駅で他の路線と接続

　大阪環状線は、全通こそ1961(昭和36)年と比較的新しいものの、全線のほぼ3分の2にあたる区間が明治時代にすでに開業している。京阪神の鉄道としては、極めて歴史の古い部類に含まれる路線である。もっとも、その後の高架化や複線化など、幾度もの改良工事を経ているため、明治時代の開業当時の面影を見出すことは難しい。

　現在の大阪環状線の各駅はおおむね、昭和初期から昭和30年代にかけて改築されており、大半の駅で"国電"時代の雰囲気を色濃く残している。大阪環状線改造プロジェクトでも、駅舎の改築をしつつ、寺田町では旧駅名標を復元・保存するなど、懐かしさを魅力の一つとして活用している。

　また、大阪の中心市街地の環状線だけ

大 阪 環 状 線

大正駅の前後には、独特な四角いトラス橋が架けられている。写真は天王寺寄りの木津川に掛かる橋梁を渡る221系。
写真／髙橋 徹

西九条寄りに架けられた岩崎運河橋梁を道路から見る。四角い形状で電車の倍の高さがある。写真／髙橋 徹

京阪電鉄と接続する京橋駅。大阪環状線のホームからも、京阪の看板がよく見える。写真／髙橋 徹

あって、ほかの路線との接続のない駅は全19駅中7駅。つまり12駅が乗り換え駅で、そのうち6駅で"関西大手私鉄"5路線に接続している。その中には、近畿日本鉄道（近鉄）大阪線と接続する鶴橋のように、乗降客の大半が大阪環状線と近鉄との乗り換え客で、駅の出入り口である改札口よりも、乗り換え改札口の方がはるかに大きい規模を持つという駅もある。大阪環状線は私鉄利用者にとっても便利な路線なのである。

利用頻度が最も高い大阪駅
ホームの呼び方も変更を重ねる

そんな大阪環状線にあって、通勤・通学、観光を問わず利用頻度の最も高い駅といえば、やはり大阪駅になる。幅広の島式ホームは昼夜を問わず混雑し、関空・紀州路快速や大和路快速を待つ乗客の長い列ができている。"環状線"にもかかわらず、奈良や和歌山など、比較的遠方まで直通する列車が次々と発着する大阪環状線の運行ぶりは、山手線になじんだ東京方面からの観光客を戸惑わせてもいる。

また、興味深いのは大阪駅ホームの呼び方の変遷で、かつては「環状1番・2番」や「環状内回り・外回り」などと呼ばれていた。現在は他のホームと通し番号になり、「1番・2番のりば」に改められている。

大 阪 環 状 線

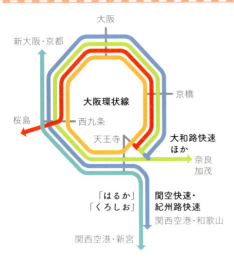

関西本線(大和路線)から短絡線を通って大阪環状線に乗り入れる221系「大和路快速」。大阪環状線の不思議な運行は、天王寺から今宮までの間の短絡線による。今宮〜新今宮間　写真／牧野和人

大阪環状線を走る特急「はるか」。阪和線と短絡線でつながったことで、大阪環状線を走行できるようになったが、大阪駅には出ずに福島の分岐から新大阪へ抜ける。

快速列車が「の」の字形で運行
環状運転の列車を補完

　大阪環状線の列車が発着するホームは、北側のターミナル・大阪駅が1面2線しかないのに対し、南側のターミナル・天王寺は4面8線構造(うち1線はホームがないので、実質4面7線)で、「関空・紀州路快速」や「大和路快速」などの大半が始発駅としている。

　天王寺駅の「12番のりば」ホームを発車した始発の快速列車は、内回り(反時計回り)で鶴橋など東側の各駅に停車し、大阪に至る。その後、快速運転となって西側を進み、再び天王寺に戻ってから、阪和線、関西本線方面に直通するという運行形態を採っている。いわゆる「の」の字形の運行であり、乗客が混乱しないよう、行先表示器は大阪環状線内では「大阪環状線」(または「環状普通」)として走ったのち、「○○快速」などの表示に切り替わるようになっている。

　快速列車でありながら、大阪環状線の東側で全駅に停車するのは、西側より東側の方が利用客が多いことによる。東側

大 阪 環 状 線

大阪城公園〜京橋間では、大阪環状線の車窓から大阪城が見える。写真／PIXTA

であっても、かつては「関空・紀州路快速」は天満・桜ノ宮の両駅を通過していたが、現在では全列車が停車している。一方で西側では快速運転が行われるが、2010年以降に新たに福島・大正が快速停車駅となるなど、近年、停車駅は増加傾向にある。

　大阪を代表する通勤路線でもあるだけに運転本数も多く、日中は数分おきに列車がやってくる。しかしながら快速列車の割合が増えた現在では、快速の通過駅である野田・芦原橋・今宮は、内・外回りとも日中は1時間あたり4本しか列車が停まらない（今宮はJR難波を発着する関西本線の列車も停車する）。同じ大阪環状線の駅でありながら、停車する列車の本数に数倍の差が付く結果となっているのである。

環状運転開始で通勤路線化が進み
貨物列車の運行は2000年代に終了

　ところで、1961（昭和36）年の全通当時は、まだ西九条〜大阪間の高架が一部完成していなかったことから、西九条の駅は大阪方面と桜島線が地上ホーム、天王寺方面が新たに建設された高架ホームと分かれていた。そのため、大阪環状線の列車は桜島線の桜島駅を起終点として、西九条（地上ホーム）〜大阪〜天王寺〜西九条（高架ホーム）間で運転され、"環状線"を名乗りながら"環状運転"にはなっていなかったのである。

　西九条〜大阪間の高架工事が完成したのは1964（昭和39）年のことで、ようやく環状運転が実施されることになる。同時に桜島線は大阪環状線の運行形態からは切り離され、西九条〜桜島間のみで運行

大 阪 環 状 線

西九条駅は、JR線は桜島線（JRゆめ咲線）と、阪神電鉄は阪神なんば線と接続し、さらに西へ行けば阪神本線や山陽電鉄と、東に行けば近鉄奈良まで直通する利便性の高い駅だ。
写真／高橋 徹

カーブを回る大阪環状線の323系。大阪環状線改造プロジェクトの成果で、路線の魅力も増してきた。新今宮〜今宮間
写真／牧野和人

される支線となった。

こうして大阪環状線の通勤路線化が進められる一方、臨港部に延びていた貨物支線も引き続き運行が続けられていた。しかし1982（昭和57）年に桜島線の支線となっていた安治川口〜大阪北港間の貨物支線が廃止されたほか、1984（昭和59）年には大正〜弁天町間から分岐していた大阪臨港線の先端区間（浪速〜大阪港・大阪東港間）が廃止される。残された浪速までの区間も2004（平成16）年に運行が休止、2年後に廃止された。

ここに大阪環状線の貨物列車運行の歴史は幕を閉じるが、西九条〜福島間で併走する梅田貨物線では、現在も貨物列車の運行が続けられている。

USJの開業により
行楽客でにぎわう路線へ

1997（平成9）年、それまで関西本線の列車しか停車しなかった今宮の駅構造が改良され、新たに大阪環状線の列車も停車するようになる。同年には大阪ドーム（現・京セラドーム大阪）が開業、大正がその最寄り駅のひとつとなり、駅利用客を大きく伸ばしている。

そして2001（平成13）年にユニバーサル・スタジオ・ジャパン（USJ）が開業、新たに「JRゆめ咲線」の愛称が付けられた桜島線がアクセスを担うことになり、大阪環状線から桜島線への直通運転が復活する。西九条には一部の特急列車も停車するようになり、行楽客でにぎわう駅へと変貌している。

また、西九条は2009（平成21）年に開業した阪神なんば線の接続駅でもあり、神戸や奈良方面への乗り換えにも利用されている。乗り換えを強いられた全通当時の姿も今は昔、変貌著しい西側区間を象徴する駅といえるだろう。

第 2 章

近畿圏各線

桜島線　　　西九条〜桜島 間

片町線　　　木津〜京橋 間

福知山線　　尼崎〜福知山 間

阪和線　　　天王寺〜和歌山・東羽衣 間

関西空港線　日根野〜関西空港 間

和歌山線　　王寺〜和歌山 間

桜井線　　　奈良〜高田 間

おおさか東線　新大阪〜久宝寺 間

JR東西線　　京橋〜尼崎 間

VIII

JR路線大全

桜島線
ユニバーサルシティ駅から高架を降りて安治川口駅へ向かってくる323系。西九条から大阪環状線に直通する。安治川口
写真／PIXTA

桜島線

貨物主体からテーマパークへのアクセス路線に大転換

安治川口には現在も貨物駅が隣接。M250系「スーパーレールカーゴ」が発着する、近畿圏の重要な物流ターミナルである。EF66形0番代最後の現役機、27号機が牽引するコンテナ列車が六軒家川を渡る。

USJのキャラクターが描かれた派手なラッピング電車を運行

　JR西日本の桜島線は、大阪環状線の西九条から南西側へ分岐し、桜島まで延びる全長4.1kmの路線で、全線が複線・直流電化されている。1898(明治31)年に私鉄の西成鉄道として、大阪〜安治川口間で開業し、主に安治川口に隣接する大阪港で陸揚げ・船積みされる貨物を輸送する「臨港鉄道」の色合いが強かった。

　1905(明治38)年には安治川口〜天保山間が延伸。翌年に全線が国有化されて西成線となり、1910(明治43)年には天保山駅を廃止したうえで、桜島まで延長されている。1961(昭和36)年に西九条〜天王寺間の線路が開通すると、西成線の大阪〜西九条間が大阪環状線に編入され、西九条〜桜島間は桜島線と改称された。

　桜島線は貨物輸送と沿線の工場への通勤客が主体の、大阪都市圏内では比較的「地味」な路線だった。ところが、2001(平成13)年の大規模テーマパーク、ユニバーサル・スタジオ・ジャパン開業が、その趣を一変させた。ユニバーサル・スタジオ・ジャパンの建設工事開始に伴い、線路は安治川口〜桜島間が1999(平成11)年に南側へ移設され、2001年3月1日にはユニバーサル・スタジオ・ジャパンの玄関

口となるユニバーサルシティ駅が開業した(ユニバーサル・スタジオ・ジャパンの開業は3月31日)。同時に、公募によって1万6559件の中から選ばれた「JRゆめ咲線」の愛称も使われるようになった。2018(平成30)年度のユニバーサルシティ駅の乗車人員は、1日あたり約3万1479人に達している。なお、終点・桜島駅の乗車人員は同年度で約1万2741人、ユニバーサル・スタジオ・ジャパンの通用口に近いことから従業員などの利用が少なくない。ユニバーサル・スタジオ・ジャパン開業前年の2000(平成12)年度は4581人に過ぎず、桜島線における"ユニバーサル・スタジオ・ジャパン効果"の大きさを示している。

桜島線の列車は国鉄型電車でオレンジ塗色の103系と201系に替わり、2019(令和元)年以降、323系に統一された。2021(令和3)年1月末からは桜島線の323系として初めてとなる「スーパー・ニンテンドー・ワールド」の人気キャラクター・マリオやルイージなどが描かれた、新たなラッピング車両が運行を始めている。

西九条〜桜島間の線内折り返し列車に加え、大阪環状線の大阪方面との直通列車も昼間時間帯を除き、運行されている。また、イベント開催時にも多数の臨時列車が随時運行されている。さらに、西九条〜安治川口間にはJR貨物の貨物列車も複数、運行されている。

ガソリンカー転覆・炎上で
国内鉄道事故最多の死者

桜島線には、1940(昭和15)年1月29日早朝に安治川口駅で発生し、多くの犠牲者を出した「西成線列車脱線火災事故」という"負の記憶"が残されている。大阪発桜島行きキハ42000形ガソリンカー(のちキハ07形気動車)3両編成の列車が、安治川口を発車直後、構内の分岐器(ポイント)を通過中に、担当者の操作ミスで切り替えられてしまったことから脱線、転覆。タンクから漏れたガソリンに引火してまたたく間に炎上し、通勤途中で超満員の乗客・乗員から、死者189人・負傷者69人を出す大惨事となった。この死者数は現在まで、国内での鉄道事故における最悪のものとして、記録に残されている。

文/武田元秀

路線DATA

開業年	1898(明治31)年
全通年	1910(明治43)年
起終点	西九条/桜島
営業距離	4.1km
駅数	4駅
電化/非電化	電化・直流1500V
所属会社	JR西日本

片町線

鴻池新田〜徳庵間には近畿車輛の本社工場があり、製造中の車両が見られる。写真の右には東京都交通局三田線の6500形が写る。
写真／牧野和人

片 町 線

「学研都市線」の愛称で親しまれる通勤路線

片町線(学研都市線)はJR東西線を介して、東海道本線(JR神戸線)と福知山線(JR宝塚線)と直通運転を行っている。写真左の321系は水色のラインカラーでJR神戸線に直通、右の207系はムラサキ色のラインカラーの片町線・JR東西線完結列車。

路線DATA

開業年	1895(明治28)年
全通年	1898(明治31)年
起終点	木津／京橋
営業距離	44.8km
駅数	24駅
電化/非電化	電化・直流1500V
所属会社	JR西日本

ローカル私鉄として開業した近郊線 平成初期まで一部非電化だった

　片町線は、京都府最南端の駅である木津と、大阪有数のターミナル駅である京橋とを結ぶ、総延長44.8kmの通勤路線。路線名となった終点の片町は、JR東西線が開業した1997(平成9)年に廃止されたが、正式な路線名は現在も片町線のままである。1988(昭和63)年には路線愛称「学研都市線」も設定された。

　片町線の歴史は古く、1895(明治28)年に浪速鉄道という私鉄により、片町〜四条畷間が開業した。当時は、北河内(大阪府東部)の田園地帯をのどかに走るローカル私鉄で、歌舞伎や人形浄瑠璃の舞台となった慈眼寺(通称・野崎観音)や、南北朝期の武将・楠木正行を祀る四条畷神社への参詣路線としての色が濃かった。

　だが1897(明治30)年には、現在のJR関西本線の前身となった関西鉄道によって買収され、翌年に新木津(廃止)〜木津間が全通、起点も片町から木津側に変更

片町線

された。全通当初は名古屋〜大阪間を結ぶ幹線に組み込まれ、木津側では加茂〜新木津間を結ぶ新線が、大阪側では京橋の北に新設された網島(廃止)に至る新線が開業するなど、片町線は変遷を重ねながら幹線として発展した。

しかし、1900(明治33)年には、奈良〜湊町(現・JR難波)を結ぶ大阪鉄道が買収されたことで、現在の関西本線が幹線となり、片町線を含むルートは再び支線となる。1907(明治40)年に関西鉄道が国有化され桜ノ宮線となるが、大正初期には片町線と改称された。また、1932(昭和7)年には、四条畷〜片町間が京阪神の国鉄路線で最初に電化されている。

戦後の歩みは早いとはいえず、木津〜長尾間は長らく非電化のまま取り残されていた。1980年代になり、沿線が「関西文化学術研究都市」に定められたことで近代化も進みはじめ、「学研都市線」の愛称が決定。1989(平成元)年に、ようやく全線の電化が完成した。

JR東西線の開業で状況は一変
京阪神圏の主要通勤路線に

1997(平成9)年3月、JR東西線が開業し、片町線との直通運転が開始された。これ以降、片町線の列車はJR東西線を経由して福知山線や東海道・山陽本線への乗り入れを開始。同時に京橋〜片町間が廃止され、京橋がJR東西線との境界駅

片町線

となった。また、2008(平成20)年3月には、支線である城東貨物線のうち放出以南がおおさか東線として旅客線に生まれ変わった。こうして片町線は、JR西日本の京阪神ネットワークの一角を占める、京阪神有数の通勤路線へと変貌していったのである。

現在の片町線は、一部の列車を除きJR東西線との直通運転を行っており、快速(京橋〜長尾間で快速運転)や区間快速(京橋〜四条畷間で快速運転)も運行されている。JR東西線側では、福知山線の篠山口や山陽本線の西明石まで乗り入れ、運転時間が2時間を超える列車も少なくないが、車両はいずれも4扉ロングシートの207系および321系のみ。クロスシートやトイレを備えた車両は、現時点では運行されていない。

すっかり都会の通勤路線となった片町線だが、木津〜松井山手間は現在も単線である。

府境の長尾で車窓風景が大きく変化
ひなびたローカル線の味わいも魅力

京橋を出発した片町線の列車は、放出を過ぎると、生駒山の山並みを見ながら、進路を北東へと変える。沿線は宅地化が進んでいるが、まだ水田も多く残り、北河内ののどかな車窓を楽しめる。

大阪府側の最北端の駅が長尾。1989(平成元)年に全線電化が完成するまで、長尾〜木津間は非電化のままで、気動車が走る地方ローカル線のような雰囲気だった。現在では7両編成の通勤列車が全区間を通して運行され、長尾を起終点とする列車も少なくなったが、快速列車が長尾以東で各駅停車となるなど、今も境界駅であることに変わりはない。

乗降客の多い京田辺を過ぎると、列車の本数も次第に少なくなる。京田辺以東は近鉄京都線と併走しながら生駒山地の東麓を南へ向かい、同志社前以南では日中の運転が30分間隔まで開いてしまう。なおJR三山木〜下狛間からは、かつて陸軍の火薬庫へと続く支線(川西側線)が分岐していた。支線は戦後、廃止されたが、火薬庫は現在も陸上自衛隊祝園分屯地内の弾薬支処として存続している。

関西本線と奈良線が接続する木津は片町線の起点で、一部列車は奈良まで直通している。1898(明治31)年、木津の隣に設けられた新木津(廃止)と関西本線の加茂の間に支線が開通。この支線を経由して名古屋〜網島(廃止)間を結ぶ直通急行が運行されたが、2年弱でルート変更となり、その後、片町線に長距離優等列車は運行されていない。なお、新木津〜加茂間の支線も1907(明治40)年に廃止となった。

2018年、鴫野〜放出間が複々線化
新大阪まで旅客列車乗り入れを予定

京橋から鴫野方面へやってきた片町線の321系。手前2線は片町線、奥の2線はおおさか東線の線路で橋の先でJR野江へと分岐する。京橋〜鴫野間　写真/牧野和人

片町線

単線区間を行く321系。背後に見えるれんがのトンネルは、河床の高さが周辺の地盤よりも高い天井川の防賀川。現在は改修工事で地下を流れている。写真／PIXTA

　JR東西線に接続し、大阪環状線との乗換駅でもある京橋は、片町線のターミナル的存在。ただし、大半の列車がJR東西線に乗り入れるため、2面2線の片町線ホームにターミナルらしい風情はない。

　片町線は京橋〜鴫野間で片町線は寝屋川を渡るが、その直前で、おおさか東線が北に分岐する。もともと1929（昭和4）年に開業した城東貨物線で、片町線と吹田貨物ターミナルを結んでいる。

　この城東貨物線の分岐は、明治30年代初頭の関西鉄道時代、片町に代わる新しいターミナルとして開設した網島への分岐線であった。この分岐線はさらに桜ノ宮へと延伸されたが、1913（大正2）年に廃止。1927（昭和2）年に開業した淀川駅から放出および京橋に至る淀川貨物線も、1982（昭和57）年に廃止されている。

　1999（平成11）年から城東貨物線を旅客線に転用する工事を実施。2019（平成31）年3月16日に鴫野〜放出間の複々線化をしたうえで、放出〜新大阪間が開業した。

　なお、放出で南へと分岐しているおおさか東線も、かつては城東貨物線の一部で、片町線の支線的な存在だった。今は単純な通勤路線に見える片町線も、多くの分岐線や貨物線を有していた時代があった。そうした"遺産"の復活とともに、片町線は再び大きく変わろうとしている。

文／藤原 浩、編集部

福知山線

今ではすっかり通勤路線になった福知山線だが、時折、峡谷の絶景が現れて乗客を楽しませる。下滝〜谷川間
写真／佐々倉 実

福知山線

丹波路をゆく、阪神と北近畿・山陰との中継路線

東西を結ぶ数々の路線を横切って、福知山線は北上する。阪急電鉄の神戸線と交差する福知山線の223系6000番代。塚口〜猪名寺間　写真／PIXTA

路線DATA

開業年	1891（明治24）年
全通年	1904（明治37）年
起終点	尼崎／福知山
営業距離	106.5km
駅数	30駅
電化/非電化	電化・直流1500V
所属会社	JR西日本

大阪と軍港・舞鶴とを結ぶ
関西有数の私鉄だった明治時代

　東海道本線の尼崎（あまがさき）と山陰本線の福知山（ふくちやま）とを結ぶ、全長106.5kmの路線が福知山線である。実際には尼崎始発・終着の列車はなく、全列車が東海道本線とJR東西線方面に乗り入れる。そのため、市販の『時刻表』などでは、大阪を実質的な起点として掲載されていることが多い。また、大阪・神戸の通勤圏に属する大阪〜篠山口（ささやまぐち）間には、「JR宝塚線」の愛称が付けられている。

　福知山線の歴史は古く、ルーツは1891

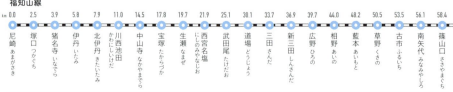

40

福知山線

伊丹駅を出発し、尼崎方面を目指す区間快速。大阪のベッドタウンとして開発が進み、駅前にはマンションが立つ。

(明治24)年に開業した川辺馬車鉄道になる。初年の開業区間は尼ケ崎(のち尼崎港、廃止)～伊丹間で、2年後には蒸気鉄道に変更。社名を摂津鉄道と改め、池田(現・川西池田)まで延伸している。開業当時の福知山線は、猪名川の水運に代わる輸送手段として建設された、短い軽便鉄道に過ぎなかった。

しかし、1897(明治30)年になると、大阪と日本海側の主要軍港・舞鶴とを結ぶことを目的に設立された阪鶴鉄道が、摂津鉄道を吸収。以降は近畿地方中央部を南北に貫く幹線として、延伸が続けられた。1898(明治31)年には神崎(現・尼崎)～塚口間が開業し、官設鉄道(現・東海道本線)への乗り入れを開始している。福知山までの全通を果たし、さらに官設鉄道の路線を経由して新舞鶴(現・東舞鶴)までの乗り入れを開始するのは、1904(明治37)年のことである。

近畿地方有数の私鉄へと成長した阪鶴鉄道だが、わずか3年後の1907(明治40)年に国有化され、以後は大阪と北近畿・山陰方面とを結ぶ幹線として発展することになる。戦後は特急「まつかぜ」(京都・大阪～松江・博多間ほか)、急行「だいせん」(大阪～米子・益田間ほか)など、昼行・夜行のさまざまな優等列車が運行された。半面、福知山線は大阪都市圏内も含め、長らく非電化のまま残され、私鉄が並行している区間もあり、大都市近郊路線ながら通勤・通学輸送にほとんど用いられない状態が続いた。

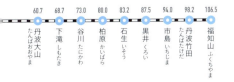

41

福知山線

尼崎を出発した列車は高架線を登り、東海道本線をまたいで福知山線へと入る。225系が北へと進む。尼崎～塚口間
写真／PIXTA

優等列車が行き交う幹線から
JR東西線に直通する通勤路線へ

　福知山線の近代化が始まったのは、国鉄末期の1980年代。1981(昭和56)年に宝塚まで、1986(昭和61)年に福知山までの全線が電化され、特急「北近畿」が運行を開始している。その後は通勤路線として目覚ましい発展を遂げ、1997(平成9)年には新たに開業したJR東西線を介して、片町線(学研都市線)とも相互乗り入れを始めるなど、京阪神有数の通勤路線へと成長することになる。その陰で、細々と運行を続けていた塚口～尼崎港間の支線"尼崎港線"は、1984(昭和59)年に廃止されている。

　現在の福知山線では、特急「こうのとり」が新大阪～福知山・豊岡・城崎温泉間に運行されている。かつては山陰本線の城崎温泉以西や、北近畿タンゴ鉄道(現・京都丹後鉄道)に乗り入れる優等列車も数多く運行されていたが、現在の優等列車は、2011(平成23)年に「北近畿」を改称した「こうのとり」のみとなっている。

　優等列車以外では、大阪～篠山口・福知山間に「丹波路快速」が運行されるほか、快速・普通列車が東海道本線の高槻・京都まで、JR東西線・学研都市線を経由して四条畷・奈良まで、それぞれ乗り入れている。福知山線沿線では、西宮名塩や北摂三田など大規模ニュータウン開発

福知山線

宝塚を出発し、福知山方面を目指す225系。背後に見えるマンション群は宝塚駅周辺。歌劇団で有名な街は、阪急電鉄の開発で発展した。写真／PIXTA

が進む一方で、宝塚や篠山など観光地も多く、通勤通学客に加え、行楽客の姿も目立つのが特徴である。

なお、福知山線では2005（平成17）年4月25日、尼崎〜塚口間で普通列車が脱線し、乗客と運転士合わせて107人が死亡する事故が発生し、安全には一層の留意が払われている。

ニュータウンと温泉地が近接 廃線跡はハイキングコースに

大規模な再開発が行われ、北口側にショッピングセンターなどが林立する起点駅・尼崎を発車した福知山線の下り列車は、伊丹、川西など阪神エリアのベッドタウンを北上しながら宝塚へ向かう。沿線には阪急電鉄によって開発が進められた住宅街が広がり、宝塚では南側に阪急宝塚駅が隣接する。宝塚は温泉と歌劇団で知られる阪急沿線有数の行楽地でもあり、阪急宝塚の駅舎は、広場を挟むJRの

トンネルの中にある武田尾駅。ホームの一部はトンネルの先の橋梁上にある。周辺は小さな温泉郷である。写真／PIXTA

福知山線

旧線時代の福知山線生瀬〜武田尾間。1980年代になってもDD51形が旧型客車を牽引していた。現在、旧線跡はハイキングコースとして人気を集めている。1983年5月20日撮影　写真／牧野和人

篠山口までは通勤路線で、321系や225系などの長編成列車が運転されている。草野〜古市間　写真／牧野和人

宝塚駅舎に比べて規模が大きい。
　宝塚を過ぎると、風景は一転して山がちとなる。生瀬〜道場間は1986(昭和61)年、複線電化完成の際に旧線から切り替えられ、長いトンネルで一気に三田方面に抜けるようになった。しかし、トンネルの合間からは、武庫川に沿って走っていた旧線時代を彷彿させる、通勤・通学路線とは思えない車窓美が、わずかながら眺められる。
　トンネルの間に設けられた西宮名塩は、新線切り替えと同時に新設され、西宮名塩ニュータウンの最寄り駅となっている。ホームからは見えないが、駅周辺には山肌を切り拓いた大規模な住宅街が建設され、快速列車も停車する。
　次の武田尾もトンネルに挟まれた駅で、近くの武田尾温泉に数軒の旅館があるものの、駅周辺に民家はほとんどない。駅もホームの大半がトンネルの中に隠れているなど、"秘境駅"の趣さえ感じられる。なお、廃線跡のうち約4.7kmが2016(平成28)年11月から、ハイキングコースとして一般開放されている。

武庫川・加古川流域を北上し分水界を越えて由良川流域へ

　篠山口までの福知山線は、おおむね武庫川と、その支流に沿って北へ向かっている。単線となる篠山口から先では、加古川の支流にあたる篠山川に沿って進む。武庫川も加古川も、太平洋側の大阪湾・瀬戸内海に注ぐが、地形の関係で車窓から見る流れの方向は反対に変わっている。
　丹波大山から下滝にかけて、福知山線は篠山川に沿った険しい地形の中を進み、車窓からは川代渓谷の美しい車窓を堪能できる。桜の名所であると同時に、"丹波竜"と呼ばれる恐竜の化石の発掘地としても知られている。下滝のやや手前では、車

福知山線

篠山口以北は、山陰本線との関連性が強くなる。利用客も減少し、223系5500番代は2両編成で運転される。市島〜黒井間
写真／牧野和人

　窓左手に赤れんが造りの旧上久下村営上滝発電所が見える。発電所は1963（昭和38）年まで稼働しており、現在は国の有形文化財に登録され、記念館として公開されている。
　篠山川とは谷川で分かれ、石生の手前で日本海側との分水界を通過する。標高95mという、本州で最も低い分水界とされ、ここから南側が加古川水系、北側が若狭湾に注ぐ由良川水系となる。江戸時代には運河を築いて両水系を結び、関門海峡を経由していた北前船を短絡させる構想もあったという。計画は実現せず、明治期に福知山線が開業したことで、北前船の水運そのものが鉄道に取って代わられることになる。
　石生から先では、由良川の支流にあたる竹田川に沿って北上する。険しい地形の区間はなく、穏やかな山並みを左右に望み、左手に安土桃山時代の武将・明智光秀の居城だった福知山城の復元天守が見えるとまもなく、終点の福知山に到着する。福知山は鉄道の要衝として栄え、駅に隣接して大規模な機関区も置かれていた。現在の福知山電車区は、西側に2kmほど離れた位置に設けられている。南口駅前広場には、機関区跡地から移設された転車台と、C11形蒸気機関車40号機が保存されている。

文／藤原 浩

阪和線

桜に包まれる駅として有名な山中渓駅。283系の特急「くろしお」が通過する。阪和線の四季は美しい。
写真／佐々倉 実

阪和線

関西空港や南紀への特急が高頻度で運行

大和川を渡る289系特急「くろしお」。長いこと381系が走ってきた「くろしお」は、287系と289系が主力となった。杉本町〜浅香間　写真／目黒義浩

浜寺や和歌山・南紀への連絡を
南海鉄道と激しく争った阪和電鉄

　大阪中心市街地南部のターミナル・天王寺と和歌山とを結ぶ阪和線。京阪神有数の通勤・通学路線であると同時に、関西国際空港アクセス特急「はるか」や、紀勢本線から南紀へ直通する特急「くろしお」も走るなど、特急列車の運転本数が非常に多い路線でもある。昭和初期の開業と比較的歴史が新しく、太平洋戦争末期まで私鉄の路線だったことなど、京阪神の主要路線の中では異色の存在である。

　阪和線の前身である阪和電気鉄道が、阪和天王寺（現・天王寺）〜和泉府中間

阪和線

と、現在の東羽衣支線となる鳳〜阪和浜寺(現・東羽衣)間を開業させたのは1929(昭和4)年。当時、阪和間の鉄道運輸は、純民間資本初の私鉄である南海鉄道(現・南海電気鉄道)の独占状態だった。阪和電鉄は、南海に真っ向から勝負を挑む形で発足した。翌30年には阪和東和歌山(現・和歌山)までの全線が開業、阪和間のアクセスと、関西屈指の海水浴場だった浜寺海岸への行楽客輸送の両面で、南海と激しく競った。

1933(昭和8)年、阪和電鉄は阪和間を所要45分、表定時速81.7kmという当時の日本最速となる"超特急"を運行する。

また同年、阪和天王寺始発で紀勢本線に直通する準急「黒潮」(当初の終点は紀伊田辺、のち白浜口〈現・白浜〉)の運行を開始。一方の南海は翌34年、難波始発の「黒潮」を運行して対抗した。

さらに南海電鉄は1936(昭和11)年に日本初の冷房電車を登場させるなど、両社は鉄道史に残る競争を繰り広げる。

しかし、過剰な競争により両社は疲弊し、1940(昭和15)年に阪和電鉄は南海と合併、旧阪和電鉄線は南海山手線となった。

現在の阪和線と南海高野線との接続駅である三国ケ丘は、1942(昭和17)年に新設されている。1944(昭和19)年に南海山手線は戦時買収により国有化され、阪和線となった。

大阪環状線へ直通運転を行い
関空アクセス路線の役目も担う

戦後は沿線開発が進み、通勤・通学路線として発展する一方、紀勢本線に直通する長距離列車も多数運行された。1989(平成元)年には天王寺駅構内南側に連絡線が開通、大阪環状線への直通が可能となる。1994(平成6)年には関西国際空港の開港に合わせ、日根野から分岐する関西空港線が開業、新たに空港アクセス線としての役割も担うこととなった。

現在、関空アクセス特急「はるか」と

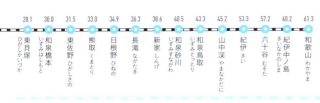

49

阪和線

あべのハルカスから見下ろした、天王寺駅に至る阪和線の線形。右の白い289系「くろしお」は、和歌山方面に進む下り列車。左の白い287系「くろしお」は分岐を越えているところで、進行方向の左下は関西本線・大阪環状線への短絡線、上は頭端式の阪和線ホームへ至る。なお、左側に上下に走る線路は大阪環状線、右端を上下に走るのは近鉄南大阪線。写真／佐々倉 実

南紀方面へ直通する特急「くろしお」は、全列車が大阪環状線に直通し、新大阪・京都方面に乗り入れている。また、関空快速と紀州路快速も原則として大阪環状線に乗り入れ、日根野で分割併合を行っている。車両は長らくスカイブルーの103系と、白い車体にスカイブルーの帯をまとった"阪和線専用カラー"の113系が中心だったが、現在では転換式クロスシートを備えた223系・225系で運転されている。

阪和電鉄時代には阪和天王寺への直通列車も多数運行されていた東羽衣支線は現在、ワンマン車両による線内折り返しのみ。日中15分おきに運転され、南海本線に接続する路線として利用者は多い。

アーチ形の屋根に覆われた頭端式ホームを持つ天王寺駅

起点の天王寺は、頭端（行き止まり）式の1〜9番ホームが阪和線専用となってお

東羽衣支線の東羽衣駅に入線する225系。長いこと3両編成の103系が運転されていたが、現在は4両編成である。
写真／牧野和人

阪和線

り、頑丈そうな鉄骨で組まれたアーチ形の上屋(屋根)が覆う。1989(平成元)年に連絡線が開通し、阪和線から大阪環状線に直通できるようになるまで、阪和線の列車はすべてこの頭端式ホームに発着した。「くろしお」「きのくに」など、紀勢本線に入って南紀へ直通する優等列車も運行され、海水浴シーズンには、行楽客でホームはあふれ返っていた。優等列車以外にも、紀勢本線直通の快速列車や夜行列車も発着するなど、まさしく南紀への玄関口だったのである。

現在、阪和線専用ホームに発着する定期優等列車は1本もなく、快速列車も大半が大阪環状線に直通している。朝と夕方以降は専用ホームから、和歌山、和泉砂川、熊取などへの普通列車が運行されているものの、昼間時間帯は日根野行き区間快速と、鳳行き普通のみが発着する。大規模な改築などはなされておらず、私鉄のターミナル風の雰囲気を色濃く残している。

小ぶりで瀟洒な駅舎が点在
現在も阪和電鉄時代の面影を残す

天王寺以外でも、三角屋根の"名駅舎"として知られる和泉砂川など、阪和電鉄時代に建設された瀟洒な駅舎が多く残る。和泉砂川は阪和電鉄が自ら開発した遊園地「砂川遊園」の最寄り駅で、戦前は行楽地としてにぎわった歴史を持つ。戦後の改築ながら、美章園も三角屋根を戴いている。駅名は周辺の土地開発を行った実業家・山岡美章の名に由来している。

また、東佐野や長滝の駅舎は、屋根上部を切り欠いて小さな屋根面を設けた、俗

瀟洒な三角屋根の駅舎が残る和泉砂川駅の西口駅舎。三角屋根の真下部分は通用口で、改札口は右側の開いている部分である。

に"マンサード"や"袴腰"などと呼ばれる半切妻構造の屋根を持つ。戦前、中小規模の駅舎に多く見られたスタイルで、東佐野は阪和電鉄の系列会社によって開発された高級住宅街の玄関駅。長滝は阪和電鉄直営の「瀧ノ池キャンプ場」の最寄り駅だった。行楽地や高級住宅街の最寄り駅を、洒落た造りとしたあたりは、新興私鉄を前身とする阪和線の特徴といえる。

しかし、近年阪和線では高架化や橋上駅化が急速に進み、古い駅舎は少しずつ姿を消している。開業以来の個性的な駅舎が現存していた東岸和田も、2017(平成29)年の駅の高架化によって旧駅舎が解体されるなど、阪和電鉄時代の面影は次第に失われつつある。

文/藤原 浩

路線DATA

開業年	1929(昭和4)年
全通年	1930(昭和5)年
起終点	天王寺/和歌山、鳳/東羽衣
営業距離	61.3km(天王寺〜和歌山間)
	1.7km(鳳〜東羽衣間)
駅数	36駅
電化/非電化	電化・直流1500V
所属会社	JR西日本

関西空港線

高架線の南海本線をさらに高い高架で越え、りんくうタウン駅に入線する225系「関空快速」。「紀州路快速」と分割され、短い4両編成だ。日根野〜りんくうタウン間　写真／牧野和人

関西空港線

南海と共用で関西国際空港へアクセス

改札口やホームは異なるが、JR西日本と南海の共用となる関西空港駅。南海「ラピート」(左)と225系(右)が柱を挟んで並ぶ。
関西空港駅　写真／牧野和人

JR西日本と南海が線路を共用
海上空港と本土を結ぶ

　関西空港線は1994(平成6)年に開港した関西国際空港のアクセス鉄道である。運行会社はJR西日本と南海電気鉄道で、JRは日根野〜関西空港間11.1km、南海は泉佐野〜関西空港間8.8kmを受け持つ(南海の路線名は「空港線」)。

　途中駅のりんくうタウンから空港までの6.9kmは、関西国際空港(株)が保有する。JRと南海は、この区間では空港会社から線路を借りて営業を行う。これに対し、日根野〜りんくうタウン間はJR西日本の直営、泉佐野〜りんくうタウン間は、南海の直営となっている。

　埋立地の空港島と本土を結ぶのは、長さ3,750mの空港連絡橋(鉄道・道路併用橋)である。橋の本体は鉄製の連続トラスで、列車はこの構造物の内部を走る。構造物の上部はコンクリートで覆われ、道路はこの位置に設けられている。関西空港駅は地下駅で、コンコースから旅客ターミナルまでは、バリアフリーの通路で結ばれている。

「はるか」と関空快速が利用者に定着
南海の「ラピート」も彩を添える

　関西国際空港は1974(昭和49)年の航空審議会答申で泉州沖への建設が決まり、1985(昭和60)年の閣議決定に基づいて、アクセス鉄道の建設が進めら

関西空港線

れた。空港のオープンは1994（平成6）年9月4日とされたが、鉄道には開港準備の需要があり、6月15日に営業を開始した。開港までの3カ月間、JRと南海はローカル輸送のダイヤで対処し、9月4日の開港とともに、大阪方面とのアクセス輸送が導入されている。

鉄道の輸送需要は必ずしも予想どおりにならず、鉄道2社は対策に苦慮したが、2社の競合面ではJRが優位に立った。JRはネットワーク性、南海は都心への所要時間を売りにしたところ、遠回りでも大阪・新大阪・京都の3駅に通じるJRのほうが、予想に近い成果を上げたのである。国鉄時代の阪和線は天王寺が唯一のターミナルだったが、短絡線で東海道本線に抜ける新しい経路の開拓が実を結び、航空旅客の需要をつかんだのだった。

関空の開港から四半世紀以上が過ぎたが、空港線を走る列車は、おおむね開業時のままとなっている。JRの列車は特急「はるか」（京都〜新大阪〜関西空港）と関空快速（天王寺＜大阪環状線一周＞〜関西空港）の2種類で、関空快速の日根野以北は紀州路快速（大阪市内〜和歌山）との併結運転である。南海は難波〜関西空港間に特急「ラピート」と空港急行を走らせ、「ラピート」は50000系のユニークなデザインで、旅客を楽しませている　文／杉浦 誠

りんくうタウンから見た関西国際空港連絡橋。高速道路の右下に線路が見える。連絡橋はJR西日本と南海の共用。りんくうタウン駅は中央2線はJR、外側2線が南海である。

路線DATA

開業年	1994（平成6）年
全通年	1994（平成6）年
起終点	日根野／関西空港
営業距離	11.1km
駅数	3駅
電化/非電化	電化・直流1500V
所属会社	JR西日本

和歌山線

五條市の上野(こうずけ)公園近辺は遊休地を再生したヒマワリ畑が有名。和歌山線の列車は105系から227系1000番代に交代した。大和二見〜五条間

和歌山線

王寺と和歌山とを結ぶもう一つのルート

和歌山線を行く227系1000番代。長らく105系が活躍してきたが、急速に置き換えられ、新しい顔として定着した。西笠田〜笠田間　写真／牧野和人

私鉄3社のリレーで全通
関西鉄道を経て国有化

　和歌山線は、関西本線の王寺と阪和線・紀勢本線の和歌山を結ぶ。和泉山脈の南側をたどり、紀の川に並行する87.5kmのローカル線である。

　開業は1891(明治24)年と非常に古い。最も古い王寺〜高田間は、現在の奈良〜JR難波間が全通する前年に、その支線として開業した。当時の事業者は大阪鉄道である。

　一方、奈良県南部には南和鉄道が設立された。同社は1896(明治29)年に高田〜五条間を開業、大阪鉄道に接続した。鉄道誘致の動きは和歌山県にも及び、1898(明治31)年には紀和鉄道が開業、1900(明治33)年にかけて五条〜和歌山(現・紀勢本線紀和)間を全通させた。1903(明治36)

58

和歌山線

年には南海鉄道（現・南海電気鉄道）が難波から和歌山市に到達し、紀和鉄道も同年、市駅に乗り入れた。

一方、奈良県側では新興の関西鉄道が1900（明治33）年に大阪鉄道を買収、1904（明治37）年には南和・紀和の2社も関西鉄道に買収された。だが、関西鉄道は1907（明治40）年に国有化で消滅、国有化後の王寺～和歌山市間は、1902（明治42）年に和歌山線と名付けられた。

長距離輸送の需要は小さく
地道な改善で地域に貢献

全通時の和歌山線には競合路線がなく、高野口駅は高野山詣での旅客でにぎわった。しかし、1912（大正元）年には現在の南海高野線が橋本に到達、大阪と紀の川中流域を直結した。その後、和歌山線は対大阪、対高野山とも利用者を奪われ、長大なローカル線と化してしまった。

1930（昭和5）年に阪和電気鉄道（現・JR阪和線）が全通すると、和歌山市の玄関駅は同社の終点・東和歌山（現・和歌山、1968年改称）となった。そのため、1961（昭和36）年には和歌山線の田井ノ瀬から東和歌山へ連絡線が設けられ、1972（昭和47）年には既設線の田井ノ瀬以西が廃止された。現在の和歌山線の区間は、この時に確定したものである。

1960年代から70年代にかけては、和歌山線は名古屋・京都から南紀方面への急行列車の経路にもなった。だが、長距離客の利用は少なく、1980（昭和55）年から1984（昭和59）年にかけての電化と引き換えに、優等列車は全廃されている。

文／杉浦 誠

路線DATA

開業年	1891（明治24）年
全通年	1900（明治33）年
起終点	王寺／和歌山
営業距離	87.5km
駅数	36駅
電化／非電化	電化・直流1500V
所属会社	JR西日本

桜井線

「万葉の四季」がデザインされた105系ラッピング車。奥には日本で古い神社のひとつ、大神（おおみわ）神社の大鳥居が見える。105系は引退し、227系に交代している。三輪〜巻向間
写真／PIXTA

桜井線

「山の辺の道」に沿う万葉まほろば線

桜井線の主力は227系1000番代だが、221系も運用されている。線内の種別はすべて普通。桜井線内で完結する列車のほか、和歌山線に直通して和歌山やJR難波に発着する列車もある。

関西本線の奈良以西とともに開業
近鉄誕生前の大和路に君臨

　桜井線は関西本線の奈良と和歌山線の高田を結ぶ29.4kmの路線である。古くから栄えていた桜井を奈良と大阪の2方面へ結ぶ路線で、開業は1893（明治26）と非常に古い。

　最初の区間は桜井〜高田間で、大阪鉄道（本線は奈良〜湊町間で、現・関西本線の一部）の支線に含まれていた。この支線は王寺〜高田〜桜井を結び、王寺〜高田間は、後の和歌山線の開業区間である。一方、奈良〜桜井間は奈良鉄道（本線は京都〜奈良間で、今の奈良線にほぼ相当）に属しており、1899（明治32）年に全通した。

この1899年が、桜井線全通の年である。

　大阪鉄道は1900（明治33）年に関西鉄道に買収され、奈良鉄道も同じ会社により、1905（明治38）に買収された。だが、明治の大私鉄・関西鉄道も1907（明治40）年に国が買収、その路線網は国有化された。そして、1909（明治42）年の線路名称制定で、奈良〜桜井〜高田間は桜井線と名付けられた。

後発の私鉄線に圧倒されて衰退
団体と観光に活路を見出す

　桜井線と和歌山線は関西本線の奈良〜王寺間を南寄りにバイパスし、沿線から大阪方面へのアクセスを担った。だが、その地位は安泰ではなく、大正から昭和初

桜井線

期にかけて、沿線には競合路線（現在の近鉄天理線・田原本線・大阪線など）が相次いで開業した。沿線から大阪を目指すのに桜井線経由では時間がかかりすぎ、少なくとも関西本線に達するまでの短絡が求められたのである。何よりも打撃を与えたのは大阪電気軌道の桜井線（上本町〜桜井間、現・近鉄大阪線の一部）で、1929（昭和4）年の全通によって桜井〜高田間を大阪へ直結し、桜井線を完全に圧倒した。

その一方、天理駅は天理教本部の最寄駅であることから、信者の団体専用列車（通称「天理臨」）が全国各地から走るようになった。天理臨は運転の頻度が高く、桜井線の貴重な集客源となっている。

戦後の桜井線は、近鉄グループの台頭とモータリゼーションにさらされながらも、大都市近郊の需要を拾って生き続けた。1980（昭和55）年には電化によってスピードアップ。また、奈良〜桜井間は近鉄との競合が緩やかで、古代の「山の辺の道」に沿うこともあり、観光利用の促進が図られている。この施策の一環として、2010（平成22）年、桜井線には「万葉まほろば線」の愛称が与えられた。

2019（令和2）年には和歌山線とともに、VVVF制御の新車227系が投入された。桜井線は電化後も中古車主体で運転されてきたので、この新車への置き換えで、関西本線との格差が埋められた。　文／杉浦 誠

桜井線の新しい主力となった227系1000番代。105系のようなラッピング車はまだ登場していない。写真／PIXTA

路線DATA

開業年	1893（明治26）年
全通年	1899（明治32）年
起終点	奈良／高田
営業距離	29.4km
駅数	14駅
電化/非電化	電化・直流1500V
所属会社	JR西日本

おおさか東線

いくつも連なるトラス橋で淀川を越えるおおさか東線の201系。新大阪と王寺・奈良方面とのアクセスが向上した。

おおさか東線

大阪環状線の東側で南北を結ぶ新路線

放出を出発し、久宝寺方面へ向かうおおさか東線の201系。旅客線化により利便性が高まり、マンションが増加した。放出〜高井田中央間　写真／松尾 諭

城東貨物線を旅客線に改良
電化・高架化で面目を一新

　おおさか東線は、大阪環状線の東側を囲むように走る20.2kmの路線である。東海道本線の新大阪と関西本線の久宝寺を結び、中間部の鴫野〜放出間は片町線（学研都市線）との複々線になっている。

　この路線は、1929（昭和4）年から1931（昭和6）年にかけて全通した城東貨物線が原型になっている。当初の目的は吹田・竜華の二大操車場を結ぶことだったが、輸送需要の変化に伴い、旅客線への転換が行われた。輸送力の強化も行われ、元は単線・非電化の地上線（一部例外あり）だったのが、複線・電化の高架線に生まれ変わっている。

　おおさか東線の建設は、1996（平成8）年設立の大阪外環状鉄道（株）によって行われ、2008（平成20）年に放出〜久宝寺間で開業、2019（平成31）年に新大阪〜放出間の延伸で全通した。大阪外環状鉄道はそのまま線路の保有者となり、JR西日本は、同社から線路を借りて列車を走らせている。

66

おおさか東線

環状線と放射状路線の長所を融合
貨物列車の運転も継続

　おおさか東線は、都心から放射状に延びる鉄道各線を相互に結び、都心への旅客集中をやわらげる機能を持つ。また、放出と新大阪は都心近くの乗換駅で、この路線自体も、全体的には都心と郊外を結ぶ線形になっている。さらに、新大阪で接続する梅田貨物線(吹田貨物ターミナル～西九条間、客貨両用)は都心部の地下化工事が進んでおり、完成すると、列車は大阪駅北口の新駅まで直通できる。

　環状部で交差する放射状路線は、私鉄路線では京阪の野江、近鉄の河内永和・俊徳道など小さな駅が多い。これはJR側が貨物線を起源とするため仕方のないことで、JRの新駅が新たな乗り換えの流れを創れるかが注目される。ただし、阪急の路線と交差する淡路は特急が停車し、千里ニュータウンへの乗換駅であるなど、線内随一の好立地となっている。

　城東貨物線の改築に際しては、旅客の流れに沿うように、東海道本線との合流部が従来とは逆向きに付け替えられた。だが、二大操車場の廃止後も東海道本線には吹田貨物ターミナル、関西本線には百済貨物駅が稼働しており、貨物の需要がなくなったわけではない。そのため、路線の両端部には貨物用の支線が残され(神崎川信号場～吹田貨物ターミナル間と、正覚寺信号場～平野間)、貨物列車の運転は、今でも続けられている。

　なお、関西本線八尾駅と阪和線杉本町駅の間には、城東貨物線と竜華操車場で接続する阪和貨物線が設けられていた。この路線は改良も旅客線化も行われず、2009(平成21)年に廃止となった。

文/杉浦 誠

百済貨物ターミナル駅とを結ぶ路線として、おおさか東線には現在も多くの貨物列車が運転されている。写真はEF210形牽引のコンテナ列車。

路線DATA

開業年	2008(平成20)年
全通年	2019(平成31)年
起終点	新大阪／久宝寺
営業距離	20.2km
駅数	14駅
電化/非電化	電化・直流1500V
所属会社	JR西日本

JR東西線

加島を出発すると地上に出て、東海道本線の列車とともに神崎川を渡り、尼崎に至る。中央はJR東西線から福知山線の塚口に直通する列車。
加島〜尼崎間　写真／牧野和人

JR 東 西 線

3つの路線と直通する都心の地下新線

JR東西線は、路線名通り大阪の東西を、地下を走って結ぶ路線。両端の京橋と尼崎以外はすべて地下駅である。加島
写真／牧野和人

平成初期に片福線として建設
大阪北部の東西を結ぶ

　JR東西線は、片町線（愛称・学研都市線）の京橋と東海道本線・福知山線の尼崎を結ぶ、大阪市内の東西路線である。全長12.5kmと短いが、都心のビル街の地下を走り、列車は両方向から直通で運転される。大阪駅前の駅・北新地は、大阪キタを代表する"夜の街"でもある。

　路線の構想は1960年代に描かれ、当初は地下鉄の路線とすることも考えられていた。だが、1973（昭和48）年に大阪圏高速鉄道網整備推進会議が国鉄一社による運営を提言、新線は国鉄片福線として建設が決まった。しかし、まもなく国鉄は財政難に陥った。

　事業はJR西日本に引き継がれ、1988（昭和63）年、片福線を建設するため関西高速鉄道（株）が設立された。着工7年目の1997（平成9）年、新線は「JR東西線」としてようやく開業。線路は完成後も関西高速鉄道が保有し、JR西日本は同社から線路を借りて列車を走らせている。

東の区間は片町線と一体
西の区間は東海道本線のバイパス

　片町線のかつての終点は片町で、新線はそこから線路を継ぎ足す形で敷設された。だが、この駅は京橋駅に隣接し、地

JR東西線

下への勾配の始点でもあったので、新線開業時に廃止となった。これにより片町線は京橋〜片町間をJR東西線に譲り、路線名と同じ名の駅を持たなくなった。

　一方、福知山線（JR宝塚線）の起点・尼崎駅では、東海道本線のホームも含めて配線が変更された。改良後は京都・京橋方の2路線と神戸・宝塚方の2路線が相互に直通できるようになり、尼崎を中心に4種類の運転系統が設定されている。

　このうち京都〜尼崎〜神戸の系統は従来からの東海道緩行線であるが、新線の開通により、京橋〜尼崎〜神戸を結ぶ系統が設定された。現在のJR東西線は、この運転系統（広域的には木津〜尼崎〜西明石）を主力として運転されている。

　なお、前述の4系統のうち、残る2本は、京都〜尼崎〜宝塚を結ぶ系統と、京橋〜尼崎〜宝塚を結ぶ系統である。尼崎駅では異なる系統同士の乗り換えも便利で、同一ホームでの短時間の乗り換えが基本になっている。

文／杉浦 誠

地下を抜け、京橋駅に入線するJR東西線の207系。写真の列車は片町線の長尾まで直通する。

JR東西線

0.0　0.9　2.2　3.6　4.8　6.0　8.6　10.3　12.5
京橋　大阪城北詰　大阪天満宮　北新地　新福島　海老江　御幣島　加島　尼崎
きょうばし　おおさかじょうきたづめ　おおさかてんまんぐう　きたしんち　しんふくしま　えびえ　みてじま　かしま　あまがさき

路線DATA

開業年	1997（平成9）年
全通年	1997（平成9）年
起終点	京橋／尼崎
営業距離	12.5km
駅数	9駅
電化/非電化	電化・直流1500V
所属会社	JR西日本

column

大阪の物流を支える貨物駅

旅客の安治川口駅に隣接した貨物の安治川口駅構内。

百済貨物ターミナル駅の荷役線で積み卸しをするコンテナ列車。

　近畿圏には多くの貨物駅があるが、中でも都心にあるのが桜島線の安治川口と、関西本線の百済貨物ターミナルである。安治川口は大阪湾に近く、桜島線はもともと大阪都心への貨物線として敷設された歴史がある。現在も多くの貨物列車が発着し、中でも東京と大阪を電車方式で結ぶ「スーパーレールカーゴ」の大阪側の発着駅は安治川口である。
　一方、百済貨物ターミナルは関西本線の平野駅に隣接し、天王寺駅を貨客分離するため、1963（昭和38）年に暫定開業した。その後、大阪駅に隣接する梅田貨物駅の機能を分散するため改修が行われ、2013（平成25）年に完成した。
　吹田貨物ターミナルと百済貨物ターミナルとは単線の城東貨物線で結ばれていて、東海道本線に出入りできる構造である。この路線は1950年代には旅客化の要望が出されていたが実現しなかった。1981（昭和56）年に複線化が認可され、国鉄分割民営化を経てJR西日本が承継した。
　第三セクター会社が施設を保有し、JR西日本が運営する上下分離方式で旅客化され、2008（平成20）年3月に放出～久宝寺間で旅客営業を開始した。現在も201系の旅客列車に交じって、百済貨物ターミナルに出入りする貨物列車が運転されている。

第 3 章

山 陰 本 線

京都〜出雲市 間

出雲市〜幡生 間

VIII

JR路線大全

山陰本線

山陰本線　京都〜幡生 間

全長673.8km、日本最長の在来路線

山陰本線は中国地方の日本海側を673.8kmにわたって延び、在来路線としては日本最長となる。全線を走破する列車はなく、優等列車も陰陽連絡列車が一部区間に乗り入れるという性格が強い。

路線DATA
開業年	1897（明治30）年
全通年	1933（昭和8）年
起終点	京都／幡生
営業距離	本線／673.8km
	仙崎支線／2.2km
駅数	161駅（仙崎支線含む）
電化/非電化	電化・直流1500V／京都〜城崎温泉、伯耆大山〜西出雲間
	非電化／城崎温泉〜伯耆大山、西出雲〜幡生間
	長門市〜仙崎[仙崎支線]間
所属会社	JR西日本

京都寄りは都市近郊路線の性格
多くは非電化で地域内輸送に特化

　山陰本線は京都を起点に、日本海沿岸を経由して、山陽本線の幡生（山口県下関市）までを結ぶ全長673.8kmの路線だ。沿線に鳥取や松江などの主要都市を擁する

中国地方随一の幹線で、ほかに長門市〜仙崎間に2.2kmの行き止まり支線がある。2002（平成14）年に東北本線の盛岡〜八戸間が第三セクター転換されて以降、最長の在来線となった。

　山陰本線は「本線」を名乗っているものの、沿線開発は限定的で実態はローカル線に限りなく近い。電化区間は全線の3割強にあたる229.2kmに留まっており、複線化がなされている区間も、わずか72.7km。工業地帯や大商圏が形成され、古くから幹線として整備されてきた山陽本線との対比が際立つ。近年は車両の更新など近代化が進められているものの、全線を通じて古きよき時代の面影を濃厚に残す路線といえる。

　全線を走破する定期旅客列車が設定されていないのも特徴で、昭和40年代まで

京都〜園部間は「嵯峨野線」の路線愛称があり、主に221系で運転されている。写真／PIXTA

山陰本線で一番新しい駅、梅小路京都西。京都鉄道博物館の最寄り駅で、2019年3月16日に開業した。

山 陰 本 線

保津峡の山間部、保津川(桂川)を跨ぐ橋梁上にホームがある保津峡駅。新線への切換に伴い、1989年3月に現在地に移転した。駅舎は亀岡市にある。

は京都〜幡生間の全線(運行は京都〜下関・門司間)を走破する普通列車があったものの、優等列車で同様の定期列車が設定された実績はない。運転系統としては、福知山、城崎温泉、鳥取、米子、出雲市、益田、長門市などの各駅を境にダイヤが組まれる傾向がある。長大幹線ではあるが、複数の路線の寄り合い所帯といった感が強い。理由のひとつには、伯備線や山口線などが"陰陽連絡線"として山陽本線との間を短絡し、新幹線を介した関西や首都圏などとの連絡網が形成され、ターミナルが分散されているためと解釈することもできる。

旧線時代の保津峡駅。保津川沿いの風情のある景色が広がり、列車の行き違い設備があった。写真/佐々倉 実

旧線は観光鉄道として整備され、嵯峨野観光鉄道が承継。旧保津峡駅は、トロッコ保津峡駅となった。写真/PIXTA

文/植村 誠

山 陰 本 線

山陰本線は、現在も京都と山陰地方を結ぶ重要幹線であり、名湯の最寄り、城崎温泉駅までは電化されていて特急「きのさき」が運転されている。船岡〜園部間　写真／佐々倉 実

京都寄りは都市近郊路線の性格
多くは非電化で地域内輸送に特化

　京都〜福知山間では、伝統的に京都丹後鉄道と舞鶴方面への乗り入れ列車が運転されてきた。伯耆大山〜出雲市間には特急「やくも」など伯備線直通の陰陽連絡列車が乗り入れ、鳥取〜益田間には山口線直通の特急「スーパーおき」が運転。

1908年の開業当時の松江駅。
写真／『日本国有鉄道百年写真史』より

　一方で、益田〜幡生間には定期優等列車の設定がなく、とりわけローカル色の強い区間となっている。首都圏直通列車としては寝台特急「出雲」などが東京〜京都〜浜田間などで運転されてきたが、現在は伯備線経由の「サンライズ出雲」（東京〜出雲市間）のみとなった。

　山陰本線の建設にあたっては、当初から岡山など山陽本線との間を結ぶ"陰陽連絡線"と合わせて、延伸計画が進められた。山陰本線の前身には1897（明治30）年に開業した京都鉄道（二条〜大宮〈廃止〉間。のち京都線）と1904（明治37）年開業の阪鶴線（福知山〜綾部〜新舞鶴間）、1908（明治41）年開業の播但線（福知山〜香住間。当初は和田山〜八鹿間）がある。

　日本海沿岸に延びるルートは、境（現・

山 陰 本 線

海沿いに敷設された区間が多いため、日本海の絶景に恵まれた山陰本線。旅人を癒やす風景だが、保守の苦労は並大抵ではないだろう。折居〜三保三隅間　写真／佐々倉 実

境港(みなと)〜米子〜御来屋(みくりや)間が1902(明治35)年に開業したのを端緒に建設が本格化。御来屋から西進するとともに、幡生側からの長州鉄道(東下関〜幡生〜小串(こぐし)間。のち小串線)と美禰(みね)線(のち美祢(みね)線)の一部が編入され、1933(昭和8)年に山陰本線としての全線開業を果たしている。

全体的にはいまなおローカル色が強いものの、京都寄りの電化が進むにつれ、大都市近郊通勤・通学路線の性格を強めてきている。区間によってさまざまな表情を持つのも、山陰本線の魅力といえそうだ。

山陰本線きっての名所、旧余部橋梁。写真は建設中の1911年8月。完成後の写真は82ページ、架け替えられた現在の橋梁は78ページ参照。写真／『日本国有鉄道百年写真史』より

1932年に完成した惣郷川橋梁の建設中の写真。コンクリートで立てられた橋梁の骨組みが見える。写真は88ページ参照。写真／『日本国有鉄道百年写真史』より

山陰本線
京都〜出雲市間

山陰本線きっての絶景、余部橋梁。かつての名橋は架け替えられたが、日本海を望む美しい景色は変わらない。
鎧〜餘部間　写真/佐々倉 実

山陰本線

北近畿地方の結節点である福知山を過ぎると、通勤路線から少しずつ姿を変えていく。2両編成の223系5500番代は、福知山線の北部と共通だ。上夜久野〜下夜久野間　写真／牧野和人

自然と人の調和がうかがえる
兵庫・鳥取県境の車窓風景

　綾部付近から由良川に沿って内陸部を進んできた山陰本線は、電化区間の終端・城崎温泉から芦屋トンネル（全長1859m）を抜けた竹野の先で、日本海沿岸部に出る。短いトンネルの合間から、次々と小さな入り江を囲んで形成された漁村の風景が現れる。入り江を両側から抱く岬の岩峰や岩壁が、ときに険しい姿も見せる。柴山、香住と進むうちに湾口は広がり、日本海の景色は穏やかな風情に変わっていく。

　山陰本線は居組と東浜の間で、兵庫・鳥取県境を越える。そこには厳しくも美しい自然環境の中で、息づく人々の暮らしぶりがよくうかがえる風景が広がっている。築堤上を進む列車からは、一段低い位置に家並みが続き、さらに一段下には

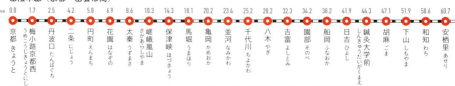

山陰本線

関西圏きっての名湯・城崎温泉駅を出発したキハ47形。ここから山陰本線は非電化になる。

架け替えられた余部橋梁
「空中散歩」の車窓は健在

　山陰本線随一のランドマークといえるのが余部橋梁だろう。鎧〜餘部間に架かる長さ約310mの鉄道橋で、現在のコンクリート橋は2代目。海岸の集落を高所でまたぐように架けられており、その大胆なロケーションから、車窓展望はもちろん、列車走行写真の撮影ポイントとしても高い人気を集めている。余部橋梁付近は山地が海岸線まで迫る険しい地形で、餘部駅下部の谷間の克服が問題として浮上。そこで建設されたのが旧余部橋梁で、橋脚11基に23連の橋桁を持つ高さ41.45m、長さ309.42mのトレッスル橋として1912（明治45）年に完成。鉄道遺産として知られるとともに、特異な姿がファンの視線を集めてきた。安全性の問題などから2010（平成22）年に架け替えられたが、旧

　日本海の青い水面が広がっている。その先には国の名勝・天然記念物に指定されたリアス式の浦富海岸へと続く岬の高まりが望める。内陸側に目を向ければ、けっして広くはない平野部に、地形に合わせて少しいびつな形の畝で区切られた小さな田んぼが見える。自然と人の調和がうかがえる風景は、ローカル列車の旅情を高めてくれる。

山 陰 本 線

旧橋梁時代の余部橋梁を渡るキハ65形「エーデル鳥取」。写真は、その車両を使用した余部橋梁観覧の観光列車「あまるべロマン号」。写真／佐々倉 実

余部橋梁はコンクリート製の新しい橋梁に架け替えられたが、旧橋梁も一部が保存され、餘部駅で降車すると観光することができる。

橋は一部のみ残されている。通過時は空中散歩そのもの。その展望は健在だ。

時代を経て明暗が分かれた
8つの"陰陽連絡線"

　山陽本線に並行して山陽新幹線が開業した中国地方の瀬戸内海側に対し、日本海側を走る山陰本線は非電化単線区間が多くを占めるなど、高速化が立ち後れてきた。一部区間に山陰本線沿線と京阪神・首都圏とを結ぶ直通優等列車が設定されてきたものの、山陰本線には全線を直通する優等列車が設定されてこなかった。山陰本線はその意味で、ほかの「本線」とは異なる歴史を持つ路線である。

　そんななか、山陰本線沿線の"不便さ"を、多少なりともカバーしてきたのが、中国山地を越えて山陽本線・山陽新幹線とつながる"陰陽連絡線"と呼ばれる路線群

である。伯備線がその代表格で、特急「やくも」の頻繁運転により山陽新幹線と接続、特急「スーパーおき」が走る山口線などとともに高速輸送網の一翼を担っている。現在、JRの"陰陽連絡線"は7路線があり、うち播但線、智頭急行＋因美線、伯備線、山口線の4路線で特急が設定され、陰陽連絡の役目を果たしている。

　一方で、木次線は芸備線を介した陰陽連絡ルートの一部をなすものの、わずかな地域輸送で命脈を保っている状況となっている。また、江津と三次とを結んでいた三江線は2018（平成30）年4月に廃止された。

　東部では、因美線とともに陰陽連絡を果たしてきた津山線も、時代の変遷とともにその役割を失ってきた。しかし、歴史をひも解けば、木次線には芸備線経由で

山陰本線（京都〜出雲市間）

km 187.2 余部 あまるべ ／ 191.8 久谷 くたに ／ 197.9 浜坂 はまさか ／ 199.8 諸寄 もろよせ ／ 204.2 居組 いぐみ ／ 207.5 東浜 ひがしはま ／ 211.9 岩美 いわみ ／ 214.8 大岩 おおいわ ／ 219.1 福部 ふくべ ／ 230.3 鳥取 とっとり ／ 234.5 湖山 こやま ／ 235.8 鳥取大学前 とっとりだいがくまえ ／ 239.6 末恒 すえつね ／ 244.7 宝木 ほうぎ ／ 247.6 浜村 はまむら ／ 252.8 青谷 あおや ／ 258.9 泊 とまり ／ 264.6 松崎 まつざき ／ 270.1 倉吉 くらよし ／ 275.2 下北条 しもほうじょう ／ 280.1 由良 ゆら ／ 285.8 浦安 うらやす ／ 287.6 八橋 やばせ

82

山 陰 本 線

電化された伯備線から電車特急が直通できるように、山陰本線の伯耆大山〜西出雲間は電化されている。宍道湖を背に出雲市を目指す285系「サンライズ出雲」。玉造温泉〜来待間　写真／佐々倉 実

夜行を含む準急・急行「ちどり」(岩国・広島〜松江・米子間)が陰陽連絡にあたっていたほか、因美・津山線経由の急行「砂丘」(倉吉・鳥取〜岡山間)が、都市間高速輸送を担っていた時代もあった。

●陰陽連絡線の概要

線名	区間	山陽本線接続駅	主な速度列車
播但線	姫路〜和田山間	姫路	特急「はまかぜ」
津山線	岡山〜津山間	岡山	急行「砂丘」※
因美線	東津山〜鳥取間	姫路・岡山(智頭急行線・姫新線・津山線経由)	特急「スーパーはくと」、急行「砂丘」※
伯備線	倉敷〜伯耆大山間	倉敷・岡山	特急「やくも」
木次線	備後落合〜宍道間	広島・岡山(芸備線・伯備線経由)	急行「ちどり」※
三江線※	三次〜江津間	広島・福山(芸備線・福塩線経由)	普通列車のみ設定
山口線	新山口〜益田間	新山口	特急「スーパーおき」
美祢線	厚狭〜長門市間	厚狭	普通列車のみ設定

※ は廃止

山陰本線
出雲市〜幡生間

山陰本線の特徴のひとつに、土木遺産ともいえる橋梁の多さがある。明治時代に立てられた切石積み橋脚を、キハ120形が行く。岡見〜鎌手間
写真／牧野和人

山 陰 本 線

小田を過ぎると、車窓には海岸線が広がる。鳥取から益田まで特急が運転され、キハ187系が担っている。小田〜田儀間
写真／牧野和人

惣郷川橋梁や折居のカーブなど
走行写真撮影スポットも点在

　出雲市から西へ4駅目の小田と、次の田儀との間で海岸線に達した山陰本線は、高台から日本海を望む。断崖となった陸地がいきなり海岸線に落ち込む険しい地形の合間に現れる集落には石州瓦の赤褐色の屋根が目立ち、海の青さとのコントラストも美しい。五十猛や江津付近には砂浜の穏やかな海岸線が広がり、途中の温泉津は古い湯治場で、近年は世界文化遺産・石見銀山観光の拠点のひとつにもなっている。

　山陰本線が絶景路線としての真価を発揮するのは浜田以西で、ほとんど開発の手が入っていない海岸線が続き、文字どおりの白砂青松や荒磯が車窓の友となる。折居〜三保三隅間のカーブや岡見〜鎌手間の第一青浦橋梁、宇田郷〜須佐間の惣郷川橋梁は、古くからの鉄道写真の撮影名所。周辺は山陰本線最後の開通区間で、険しい地形が続き、入江をまたぐように

山陰本線（出雲市〜幡生間）

km	384.6	389.4	391.4	393.5	400.1	404.0	411.5	413.7	417.2	420.2	422.8	428.9	431.9	434.6	437.9	440.8	443.6	448.0	454.3	458.7	460.5	463.3	465.6	469.7
	出雲市 いずも	西出雲 にしいずも	出雲神西 いずもじんざい	江南 こうなん	小田 おだ	田儀 たぎ	波根 はね	久手 くて	大田市 おおだし	静間 しずま	五十猛 いそたけ	仁万 にま	馬路 まじ	湯里 ゆさと	温泉津 ゆのつ	石見福光 いわみふくみつ	黒松 くろまつ	浅利 あさり	江津 ごうつ	都野津 つのづ	敬川 うやがわ	波子 はし	久代 くしろ	下府 しもこう

86

山陰本線

架けられた惣郷川橋梁の鉄筋コンクリート製連続ラーメン橋は、夕景も映えるポイントだ。

　益田以西もほぼ海岸沿いで、穏やかな風情の集落と海岸の絶景が飽きさせない。途中、歴史の街・萩や難読駅で有名な特牛などを経て、線路は本州の西端を進み、幡生で山陽本線と合流する。

世界文化遺産・石見銀山や「鉄道の父」を産んだ萩城下町

　鳥取や松江などの主要都市を結んできた山陰本線は、出雲市以西も中国地方北西部の中小都市を結びながら、終点の幡生を目指して西へ進む。特急「やくも」などでにぎわった電化区間は西出雲で終わるものの、益田までは特急「スーパーおき」「スーパーまつかぜ」のほか、快速「アクアライナー」が速達ダイヤを形成し、「本線」らしい表情を見せている。一方で、日本海を主体とする車窓美に恵ま

れ、途中下車を誘われるポイントも少なくない。

　山陰本線での途中下車の定番として挙げられるのが、石見銀山と、美しい城下町として知られる萩である。

　大田市駅が最寄りの石見銀山は、鎌倉時代末期まで採掘の歴史をさかのぼることができる。江戸時代に入り、徳川家康が幕府直轄領として以降に発展し、日本最大規模の銀山として栄えた歴史を持つ。明治時代以降、鉱石の枯渇により閉山したものの、遺構は大切に保存され、2007（平成19）年には「石見銀山遺跡とその文化的景観」として世界文化遺産に登録された。坑道や製錬所跡、大森代官所跡（石見銀山資料館）などが当時の姿を伝える。大田市駅から路線バスが出るほか、かつての積み出し港だった温泉津駅からのアクセスも可能だ。

　特急停車駅の東萩下車が便利な萩市は、

山陰本線

1932年に完成した惣郷川橋梁は、海水による腐食を防ぐためコンクリート製となった。全長189mの壮大な橋梁の完成で、山陰本線は全通した。須佐〜宇田郷間　写真／牧野和人

長州藩毛利家の城下町で、幕末から明治維新にかけて吉田松陰や高杉晋作らを輩出したことでも歴史に名をとどめている。萩城下町は松下村塾などとともに、2015（平成27）年に登録された世界文化遺産「明治日本の産業革命遺産製鉄・製鋼、造船、石炭産業」のひとつで、近代史の舞台を求めて来訪する人々でにぎわう。

また、萩は日本の「鉄道の父」として知られる井上勝の生誕地であり、旧宅跡が残るほか（敷地内見学不可）、萩駅前には2016年に銅像が建立された。1925（大正14）年築のモダンな萩駅舎は国の登録有形文化財。駅舎内部は「萩市自然と歴史の展示館」として無料公開され、井上に関する展示も豊富だ。

山陰本線西部に連なる
不思議な駅名の由来を探る

駅名の特牛を「こっとい」と迷わず読める人がいたとしたら、地元の人々を除けば鉄道ファンである確率が極めて高い。特牛は山陰本線西部にある小駅。「難読駅

山陰本線（出雲市〜幡生間）

km	599.6	604.9	609.0	613.5	617.9	622.1	627.4	631.1	635.1	639.9	643.5	645.7	650.2	652.9	655.4	658.8	662.7	665.6	668.2	669.6	670.7	673.8
	長門市 ながとし	黄波戸 きわど	長門古市 ながとふるいち	人丸 ひとまる	伊上 いがみ	長門粟野 ながとあわの	阿川 あがわ	特牛 こっとい	滝部 たきべ	長門二見 ながとふたみ	宇賀本郷 うかほんごう	湯玉 ゆたま	小串 こぐし	川棚温泉 かわたなおんせん	黒井村 くろいむら	梅ケ峠 うめがとう	吉見 よしみ	福江 ふくえ	安岡 やすおか	梶栗郷台地 かじくりごうだいち	綾羅木 あやらぎ	幡生 はたぶ

88

名」の横綱格として知られており、雑誌などでこのテーマが取り上げられると、必ずといっていいほど登場する駅のひとつだ。語源にはいくつかの説があるが、古語の「ことひうし(こってうし)」(租税米などを背負う牛の意)から転じた「ことひ(ことい)」にちなむともいわれている。「特牛(ことひ)」の記述が、鎌倉時代に編纂された『夫木和歌抄』などに見られる。この地に「特牛」にまつわるどんな縁があったのか、想像を巡らせつつ途中下車してみるのもおもしろい。駅周辺は里山に抱かれた集落が、田畑とともにこぢんまりとしたたたずまいをみせており、木造駅舎と併せて、穏やかな農村風景を実感させてくれる。

山陰本線には特牛のほかにも、綾羅木や人丸、黄波戸、波子、敬川、馬路など、難読であったり、一風変わった響きを持ったりする駅名が少なくない。なかにはその歴史を古代にまで探ってみたくなるような駅や土地もある。

たとえば、下府。「府」ひと文字で「こう」と読ませる。「こう」は奈良時代から平安時代にかけて、ほぼ現在の県にあたる「国」を治めた朝廷の役所である国庁が置かれた地を示し、多くは「国府」の文字が充てられる。駅名にも、千葉県(下総国)の京成電鉄本線の国府台がある。また、神奈川県(相模国)の東海道本線には国府津があるが、国府津とはもともと国庁の外港として機能していた港を示す一般名詞で、地名としては各地に存在する。

石見国(島根県西部)の国庁(国府)は下府駅がある現在の浜田市(旧・那賀郡)に

鳥取・米子と新山口とを結ぶキハ187系特急「スーパーおき」。益田からは山口線を走行する。周布〜折居間
写真/佐々倉 実

難読駅の多い山陰本線の中でも、特に読みにくい特牛駅。現在も木造駅舎が建つ。

あったとされ、下府の名はそれにちなむ。ただし、「府」のみで「こう」と読む例は珍しい。国庁所在地を示す地名としては「府中」もある。こちらは東京都(武蔵国)の京王電鉄京王線の駅名のほか、全国各地に市町村・字名などが点在する。なお、下府駅周辺の下府・上府地区は中世、府中とも呼ばれていたという。

このような例から、車窓から駅名標を眺めているだけでもさまざまな想像がか

山陰本線

仙崎駅で出発を待つ折り返す列車。現在の構内は単線だが、かつては右側に機回し線があった。写真／PIXTA

きたてられる。難読駅の黄波戸は小さな漁村の一角にある小駅。町外れにある黄波戸温泉への立ち寄り客も多い。波子や敬川、馬路の各駅は海水浴場の最寄り駅として知られている。とりわけ馬路駅に近い琴ヶ浜は「鳴き砂」で知られ、白砂の美しい海岸が広がる絶景ポイントになっている。

長門市〜仙崎間を走る仙崎支線
週末には観光列車も運行

　長門市〜仙崎間の山陰本線支線は「仙崎支線」と呼ばれる行き止まり路線で、開業時は現在の美祢線の貨物支線扱いだった。現在は通学主体の路線となっているが、2007（平成19）年から、仙崎出身の童話詩人・金子みすゞにちなむ観光列車「みすゞ潮彩」（新下関〜仙崎間）が、2017（平成29）年8月からは、この列車を再改造した観光列車「○○のはなし」が新下関〜下関〜東萩間で運転され、引き続き仙崎にも乗り入れている。

長門市から分岐する仙崎支線の終点、仙崎駅。奥に見える女性の写真は、長門市仙崎出身の童謡詩人・金子みすゞ。写真／牧野和人

山 陰 本 線

山陰本線の駅　城崎温泉駅

城崎温泉駅は「海内一(日本一)の湯」をうたい、志賀直哉の小説『城崎にて』の舞台としても知られる城崎温泉の玄関口。全国各地から訪れる多くの観光客でにぎわっている。

温泉街らしい和風のつくりの駅舎だが、その実は四角四面の駅舎だった。とはいえ、現在の駅舎になって100年近く経つ。

無骨な駅舎を和風に改装
駅に隣接して大規模な外湯も

　城崎温泉駅は1909(明治42)年に官営鉄道の城崎として開業し、2005(平成17)年に現名に改称された。開業時の駅舎は1925(大正14)年5月23日に発生したマグニチュード6.8の北但馬地震により倒壊、温泉街も壊滅的な被害を受けた。翌26年に現在の駅舎が再興されたが、鉄筋コンクリート造りは地震に強いものの、四角四面で実用一点張りにも見えた。

　太平洋戦争が終わると世情も次第に落ち着きをみせ、城崎温泉を訪れる観光客も増えてきた。しかし、無骨ともいえる駅舎のデザインは、地元の旅館主らと宿泊客の双方から、「風情ある温泉街の玄関口にふさわしくない」との声も挙がった。結局、基本構造はほぼそのままで、平屋根を切妻の三角屋根に改築して瓦を載せ、庇の下に太い角柱を連ねるなどの改装工事がなされ、駅舎は現在に続く和風建築に姿を変えることになった。

　近年では出入り口直上の駅名標は厚手の一枚板に墨文字で描かれたり、のれんが掛けられていたりするなど、温泉地らしい風情がより強調されている。

　2000(平成12)年には駅に隣接して大規模な外湯(公衆浴場)の「駅舎温泉さとの湯」がオープンし、日帰り客の人気を集めている。

文／武田元秀

column

三江線
[三次]と[江津]を結んだ陰陽連絡線

地上20mの高さにホームがあった宇都井駅。ホームまでは116段の階段を登らなければならなかった。写真／牧野和人

　三江線は芸備線の三次と山陰本線の江津とを結んだ陰陽連絡線の一つ。多くの人に見送られて、2018（平成30）年4月1日付で廃止となったことも、記憶に新しい。

　江津側は1926（大正15）年に着工され、1930（昭和5）年に石見江津（現・江津）～川戸間が開業。その後も徐々に区間を広げていった。

　一方三次側は、1936（昭和11）年に着工されたものの、日中戦争により中断されてしまう。戦後、再開されて1955（昭和30）年に三次～式敷間が開業。三江南線と命名され、江津側は三江北線と改称された。

　1975（昭和50）年にようやく全線が開通したが、既にモータリゼーションが進んでいて、全通時から赤字ローカル線状態だった。

　国鉄分割民営化でJR西日本に承継され、ワンマン運転の実施やキハ120形の投入などで経費削減が図られた。何度か豪雨で全線運休となったが、都度復旧して運転が再開されたものの状況は改善されず、2018（平成30）年3月31日をもって旅客営業を終了。翌4月1日付けで廃止となった。

　江の川沿いに走る車窓や、山間に掛かる橋梁に設けられた地上20mにある宇都井駅などで知られた。現在は、地元NPO法人が廃線跡にトロッコを走らせる活動を展開している。

第 4 章

山陰本線
の周辺路線

舞鶴線　綾部〜東舞鶴 間
加古川線　加古川〜谷川 間
播但線　姫路〜和田山 間
因美線　鳥取〜東津山 間
伯備線　倉敷〜伯耆大山 間
境線　米子〜境港 間
木次線　宍道〜備後落合 間
美祢線　厚狭〜長門市 間
山口線　新山口〜益田 間

VIII

JR路線大全

舞鶴線

綾部と港町・舞鶴とを結ぶ舞鶴線は、山深い地で谷間を縫うように進んでいく。普通列車は主に写真の223系と、113系が2両編成で運転されている。梅迫〜真倉間
写真／牧野和人

舞鶴線

軍需路線からビジネス・観光目的へ転換

舞鶴線内の特急「まいづる」は、綾部で「はしだて」「きのさき」と分割されて287系3両編成もしくは京都丹後鉄道8000系2両編成で運転される。東舞鶴〜西舞鶴間　写真／牧野和人

軍港へ国が阪鶴鉄道に貸与
戦後は日本海航路を支える

　舞鶴線は明治中期に旧帝国海軍が拠点の軍港である鎮守府を舞鶴に置くことを決め、物資や人員輸送のために建設を急いだ路線だった。

　舞鶴は江戸時代、京極氏・牧野氏3万5000石の丹後田辺藩の城下町で、日本海に面した良港をもつ港町としても栄えた。1862(明治2)年の版籍奉還に際して舞鶴藩と改称。以降、舞鶴が自治体名として定着し、現在に至っている。

　現在の舞鶴線を含む福知山〜綾部〜新舞鶴(現・東舞鶴)間はもともと阪鶴鉄道(福知山線の前身)が計画していた路線だった。しかし、1901(明治34)年に舞鶴鎮守府が東郷平八郎を初代司令長官に任じて開庁すると、この区間は官営鉄道として建設。阪鶴鉄道に貸与のうえ1904(明治37)年、舞鶴(現・西舞鶴)〜舞鶴海岸荷受所(のち海舞鶴)間1.8kmの軍用線と併せて開業した。3年後の阪鶴鉄道国有化を経て、1912(明治45)年に綾部〜新舞鶴間と軍用線が舞鶴線に改称されている。1919(大正8)年に新舞鶴〜中舞鶴間の通称・中舞鶴支線3.4km、1930(昭和5)年には新舞鶴〜新舞鶴港(のち東舞鶴港)間の貨物支線1.3kmも開業した。

舞鶴線

1945（昭和20）年の太平洋戦争敗戦によって舞鶴鎮守府が閉庁となり、軍需物資や人員の輸送はなくなったものの、舞鶴東港にあった旧海軍舞鶴工廠（こうしょう）の施設が民間の造船所として残され、1927（昭和27）年には保安庁警備隊（現・海上自衛隊）の基地も設けられた。北前船以来の商業港だった舞鶴西港も日本海航路の拠点として発展し、舞鶴線の貨物輸送を支えていった。ただし、1941（昭和16）年には東舞鶴〜東舞鶴港間、1972（昭和47）年には中舞鶴支線が廃線となっている。

廃線跡の旧北吸隧道が 国の登録有形文化財に

26.4kmと短い本線区間の沿線は山がちで車窓の眺望には恵まれないが、京都府北部の拠点都市となった舞鶴にはビジネス客の利用が多く、山陰本線に直通する気動車特急「あさしお」や急行「丹後」「わかさ」などの優等列車も頻繁に運行された。1999（平成11）年には綾部〜東舞鶴間が電化され、特急「まいづる」（京都〜東舞鶴間）の運行も始められた。現在では223系や125系電車による線内の通勤・通学輸送に加え、西舞鶴で京都丹後鉄道、東舞鶴で小浜（おばま）線に乗り継ぐ観光客も多い。

かつて海軍の施設だった「舞鶴赤レンガ倉庫群」が国の重要文化財・登録有形文化財に指定・登録されたこともあり、舞鶴市は中舞鶴線の廃線跡を含む一帯を観光スポットとして整備した。廃線跡は自転車・歩行者専用道となり、途中の北吸隧道（きたすいどう）（1904年造）は国の登録有形文化財に登録された。中舞鶴駅跡にはC58形113号機が静態保存されている。　文／武田元秀

西舞鶴駅は、京都丹後鉄道宮福線との接続駅。直通する定期列車はない。西舞鶴駅　写真／牧野和人

路線DATA

開業年	1904（明治37）年
全通年	1904（明治37）年
起終点	綾部／東舞鶴
営業距離	26.4km
駅数	6駅
電化/非電化	電化・直流1500V
所属会社	JR西日本

加古川線

路線名でもある加古川を渡るクモハ125形の3両編成。水運の代替が目的でもあり、加古川とは付かず離れず進む。厄神〜市場間
写真／牧野和人

加 古 川 線

日本の「へそ」を走るのどかなローカル線

西脇市〜谷川間は基本的に125系を使用する。特に旅客の少ない日中は単行で運転される。久下村〜谷川間

貨物列車時代の面影を残す
各駅周辺の田園風景

　JR西日本の加古川線は、加古川とその支流の篠山川に沿って、山陽本線（JR神戸線）の加古川駅と福知山線の谷川駅を結ぶ48.5kmの路線だ。長らく非電化単線だったが、1995（平成7）年1月17日の阪神・淡路大震災で東海道本線と山陽本線が不通になった際に迂回路線として使用され、のちにその輸送力を強化するために電化工事が行われた。2004（平成16）年12月19日に全線が直流1500Vで電化されたが複線化はされず、現在も全区間が単線である。

　加古川線は、1913（大正2）年4月に私鉄の播州鉄道として誕生した。まず加古川町（現・加古川）〜国包（現・厄神）が開業し、同年8月には西脇（1990年廃止）まで延伸。1923（大正12）年、播丹鉄道に譲渡されると、翌年、野村（現・西脇市）〜谷川間が開業し、現在の加古川線全線が開通した。1943（昭和18）年には、戦時買

100

収私鉄として国有化された。播州鉄道時代、加古川線から分岐する4つの路線が建設された。加古川線を含めたこれらの路線は、国有化後も加古川の水運に代わる貨物輸送の役割を長らく担ってきた。なお現在、これらの分岐路線はすべて廃止、または第三セクター化されている。

　貨物輸送中心の鉄道として建設された経緯から、加古川線の路線は人家の密集地を避けて敷かれ、貨物の集積地に駅が設けられた。そのため現在の駅周辺にはのどかな播州の田園風景が広がり、小野町、社町などの市街地は加古川の対岸に形成されている。沿線人口が多いのは加古川～厄神間と粟生付近、西脇の周辺一帯などで、毎時2～3本運転されている加古川発の列車は、厄神行きと西脇市行きがほぼ半数ずつ。谷川へ直通する列車は1往復のみで、ほかには平日の通勤通学時間帯に粟生行きが4往復運転されている。

かつては蒸気機関車も走行
気動車時代から103系の登場へ

　車両は、かつて播丹鉄道時代に納入されたC12形蒸気機関車が1972（昭和47）年3月まで貨物輸送を担っていたが、現在貨物営業は廃止となっている。また非電化時代、旅客用にはキハ35系やキハ40系の気動車が走っていたが、全線電化された現在では103系3550番代と125系が使用されている。

　加古川線のラインカラー、エメラルドグリーンに塗装された103系3550番代は、座席はロングシートだがトイレ付きで、正面のデザインもオリジナルの103系とは異なる。どちらも電動車の2両編成

で、乗客が多い加古川～厄神～西脇市を中心に2、4両編成で運用。125系は両運転台のセミクロスシート車で、乗客が少ない西脇市～谷川間では、ほぼ125系だけが使用されている。

　なお、加古川線が走るのは日本のほぼ中央で、南北日本の中間に近い北緯35度線と日本標準時子午線に定められた東経135度線が西脇市内で交差している。その交点上に「にしわき経緯度地球科学館」が設けられており、一帯は日本へそ公園となっている。1987（昭和62）年に加古川線で一番新しい駅、日本へそ公園駅が最寄り駅として設けられた。

文／西森 聡

路線DATA

開業年	1913（大正2）年
全通年	1924（大正13）年
起終点	加古川／谷川
営業距離	48.5km
駅数	21駅
電化/非電化	電化・直流1500V
所属会社	JR西日本

播但線

播但線経由で大阪と主に浜坂・鳥取とを結ぶ特急「はまかぜ」。陰陽連絡列車としての役割を今も担う。寺前～長谷間　写真／牧野和人

播但線

大阪に近い"陰陽連絡線"のひとつ

2014～19年に運転されたキハ40形「天空の城 竹田城跡号」。外観だけでなく、車内は片側の座席を窓向きに配置した。車両は現在、「うみやまむすび」にリニューアルされている。寺前～長谷間　写真／佐々倉 実

舞鶴を目指す鉄道として計画
開業後に銀鉱石の輸送も担う

　播但線は明治期に開業した古い路線だ。私鉄の播但鉄道を前身とし、その目的は日本海側の港町、舞鶴を目指すものだった。まず、1894（明治27）年に播但鉄道が姫路～寺前間を開業、翌年、寺前～生野間と飾磨（のちの飾磨港）～姫路間が、1901（明治34）年に生野～新井間が延伸した。

　沿線には戦国時代から近代にかけての日本有数の銀鉱山である生野銀山があり、明治政府によって1876（明治9）年に生野から飾磨津（現・姫路港）まで生野鉱山寮馬車道が整備された。しかし、播但鉄道の開業により、銀の輸送は次第に馬車から鉄道にシフトしていった。馬車道は1920（大正9）年に廃止、大部分は国道・県道などに転用され、現在、生野銀山とともに経済産業省の近代化産業遺産に指定されている。

播但線

103

播但線

姫路〜寺前間は直流電化され、ワインレッド色の103系2両編成で運転。ラッシュ時は2編成を併結した4両編成で運転される。今や希少な103系である。甘地〜福崎間　写真／松尾 諭

　鉱石輸送を行っていた播但鉄道だが、もともと資本が小さく寺前駅以北が山間部に入るため難工事が続き、新井駅まで延伸したところで負債がふくらみ工事が止まってしまった。同社は1903（明治36）年に山陽本線の前身である山陽鉄道に路線を譲渡して解散、1906（明治39）年4月に新井〜和田山間が開業し、播但線が全通した。同年12月に山陽鉄道が国有化され、播但線も国有鉄道となった。

　国有化後の1909（明治42）年、山陰東線として開業した和田山〜城崎（現・城崎温泉）間が播但線に編入され、播但線は飾磨〜城崎間となった。しかし、1911（明治44）年に和田山〜福知山間が開業、翌12年に和田山駅以北が、山陰本線に編入された。「飾磨港線」と呼ばれ、貨物列車が主体で旅客列車は1日2往復しか運行されていなかった飾磨港〜姫路間は、1986（昭和61）年に廃止され、現在の路線に落ちついた。同時に全線で貨物輸送も廃止された。

"陰陽連絡線"として特急を運行
途中で電化と非電化に分かれる

　1998（平成10）年、播但鉄道が初期に開業した姫路〜寺前間が電化された。これにより普通列車は寺前駅で完全に系統分離されている。

　1995（平成7）年1月17日に発生した阪神・淡路大震災では被害が少なく、運休した東海道・山陽本線の迂回路の役目を果たした。このとき、新大阪から東海道本線〜福知山線〜山陰本線〜播但線経由で姫路へと、ノンストップ快速や寝台特

播 但 線

寺前は電化と非電化のジャンクションになる駅。構内には103系電車とキハ40系がともに並んでいる。

急「なは」「あかつき」が運行された。

　現在の列車ダイヤは、特急「はまかぜ」が大阪〜香住・浜坂・鳥取間に3往復運行されている。車両は2010（平成22）年からキハ181系に代わりキハ189系が用いられている。

　姫路駅の播但線ホームは最も北側の1・2番線を使用する。播但線は姫路から北東方向に延びており、東西方向に延びる山陽本線と直通する「はまかぜ」は当駅で折り返す。このため大阪行きは2番線を、鳥取方面行きは7番線の山陽本線ホームに停車し、姫路で5分程度停車した後、構内をいくつもの分岐器を渡ってそれぞれの目的地に向かうのだ。

　普通列車は姫路〜寺前間で1時間に1〜2本（姫路〜福崎間の区間運転あり）、寺前〜和田山間で1時間1本程度設定されている。"天空の城"として著名な竹田城跡が竹田駅を最寄りとするため、キハ40形を観光列車に改造し、竹田城跡のラッピングを施した快速「天空の城 竹田城跡号」が、2014（平成26）年4月から寺前〜和田山〜城崎温泉間で運行された。当初は外観のラッピングのみだったが、2015（平成27）年3月からは床を木目にし、片側の座席を窓向きに配置した観光列車に改造された。竹田城跡へ行く観光客の人気を集めたが、2019年に運転が終了し、現在は再改造されて城崎温泉〜天橋立間の「うみやまむすび」に転出した。

文／平賀尉哲

路線DATA

開業年	1894（明治27）年
全通年	1906（明治39）年
起終点	姫路／和田山
営業距離	65.7km
駅数	18駅
電化/非電化	電化・直流1500V／姫路〜寺前間 非電化／寺前〜和田山間
所属会社	JR西日本

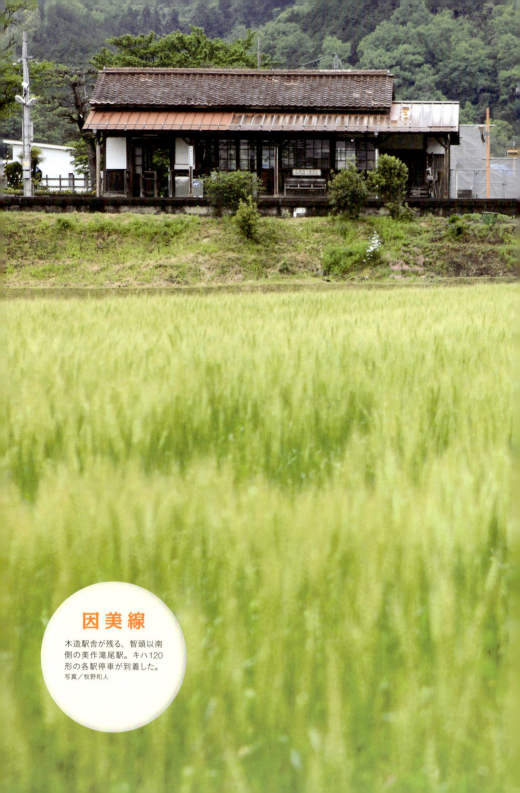

因美線

木造駅舎が残る、智頭以南側の美作滝尾駅。キハ120形の各駅停車が到着した。
写真／牧野和人

因美線

智頭急行の開業で"南北格差"が広がる

鳥取〜智頭間はHOT7000系「スーパーはくと」のほか、キハ187系「スーパーいなば」も駆ける特急街道。陰陽連絡に欠かせない路線の一つである。河原〜国英間　写真／牧野和人

急行「砂丘」が長い間陰陽速達の役割を担う

　因美線の名称は旧因幡国（鳥取県東部）と美作国（岡山県北部）を結ぶことに由来し、姫新線・津山線を介した鳥取から岡山までの"陰陽連絡線"のひとつとして、長く機能した。しかし、1994（平成6）年の智頭急行智頭線の開業により、智頭以南の因美線は地域内輸送主体のローカル線と化している。

　因美線は官営鉄道の因美軽便線（一時、因美北線）として1919（大正8）年、鳥取〜用瀬間22kmがまず開業。1928（昭和3）年には因美南線津山〜美作加茂間17.6kmが開業して双方から延伸され、1932（昭和7）年に全線が開業した。

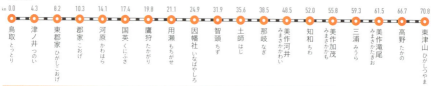

因美線

　因美線には陰陽連絡を目的として、1962(昭和37)年に準急「砂丘」が、宇野～鳥取間で運行を開始した。急行への格上げを経て「砂丘」は増発が繰り返され、「みささ」(倉吉～大阪間、1989年廃止)とともに陰陽連絡の速達化を担った。1989(平成元)年に「砂丘」は5往復体制と最盛期を迎え、1992(平成3)年には0系新幹線のリクライニングシートを流用し、「砂丘色」と呼ばれ日本海をイメージした専用塗色のキハ58系7200番代リニューアル車両も導入されている。

鳥取～郡家間は若桜鉄道の直通列車もあり本数が増加

　しかし、智頭線の開通によって陰陽速達の役割は1994年以降、智頭急行所有のHOT7000系による特急「スーパーはくと」(倉吉・鳥取～京都間)とJR西日本キハ187系500番代の「スーパーいなば」(鳥取～岡山間)に譲られた。「砂丘」は1997(平成9)年、津山～岡山間の「つやま」に短縮、廃止されている。

　現在、因美線の鳥取～智頭間は高速化改良がなされ、「スーパーはくと」7往復、「スーパーいなば」6往復が運行される"特急街道"となっている。普通列車の本数も上り11本・下り13本と数多い。さらに鳥取～郡家間には6往復の若桜鉄道からの直通列車が加わっている。車両はJR西日本のキハ121・126形と智頭急行のHOT3500形が使われる。

　これに対して智頭～東津山間は全線を直通する普通列車が7往復。快速が上りの津山～智頭間と津山～美作加茂間に各1往復存在するのみで、優等列車の設定はない。使用車両はすべてJR西日本のキハ120形となっている。なお、因美線南端部の列車はすべて東津山から姫新線に乗り入れ、津山を起終点としている。 文／武田元秀

キハ58系で運転されていた頃の急行「砂丘」。キロ28形とキハ65形も連結されている。1990年5月撮影　写真／佐々倉 実

路線DATA

開業年	1919(大正8)年
全通年	1932(昭和7)年
起終点	鳥取／東津山
営業距離	70.8km
駅数	19駅
電化/非電化	非電化
所属会社	JR西日本

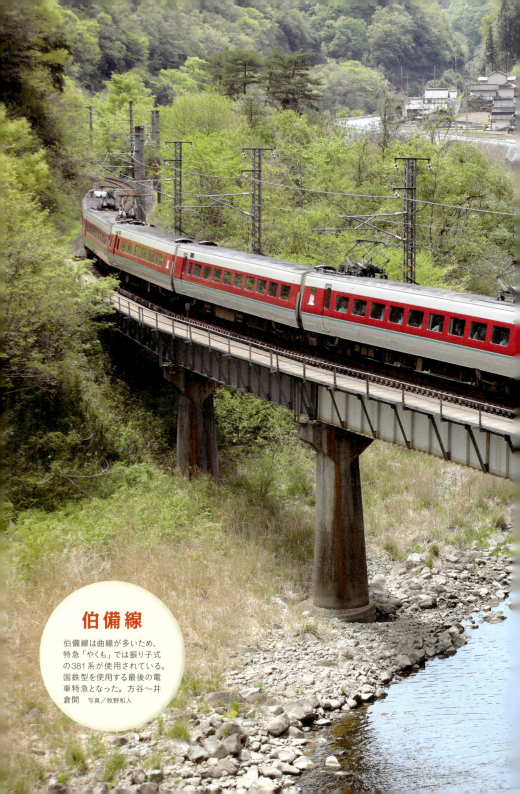

伯備線

伯備線は曲線が多いため、特急「やくも」では振り子式の381系が使用されている。国鉄型を使用する最後の電車特急となった。方谷〜井倉間　写真／牧野和人

伯備線

"陰陽連絡"基幹路線として特急を多数運行

名撮影地・第二高梁川橋梁を渡る213系の普通列車。伯備線は全線電化されていて、普通列車は213系と115系で運転されている。木野山〜備中川面間　写真／佐々倉 実

本格的な"陰陽連絡線"として南北に分かれ建設がスタート

　伯備線は倉敷〜伯耆大山間を結ぶ138.4kmの路線。山陽新幹線と接続する特急「やくも」のほか寝台特急「サンライズ出雲」が首都圏とを直通するなど、山陰と山陽とを結ぶ"陰陽連絡線"として重要な役割を担っている。

　新見を境に北側を伯備北線、南側を伯備南線として建設が進められ、1919(大正8)年に北線の伯耆大山〜伯耆溝口間が開業。以後、延伸を続けて1926(大正15)年には足立まで到達する。一方の南線は倉敷〜宍粟(現・豪渓)間が1925(大正14)年に開通。南線は備中川面まで延伸し、1928(昭和3)年の備中川面〜足立間の開業によって全通し、合わせて伯備線と改称された。

　伯備線にはD51形蒸気機関車の三重連による石灰石輸送の貨物列車が運行され、鉄道ファンの人気を集めた。三重連の運転が終了した1972(昭和47)年、山陽新幹

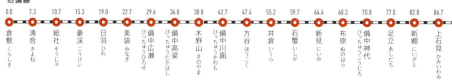

伯　備　線

備中高梁駅で行き違いをする115系。右の103系のような顔の電車は、モハ115形からの先頭車化改造車。

線新大阪～岡山間が開業すると、伯備線は山陽と山陰を最短で結ぶルートとして注目され、キハ181系気動車による特急「やくも」がデビューする。

　さらに一部区間の改良工事や複線化を行い、1982 (昭和57) 年には全線が一気に電化された。「やくも」には振り子式特急電車の381系が投入され、リニューアルを経て現在も活躍を続ける。1998 (平成10) 年に客車寝台特急「出雲」1往復を置き換える形で、285系寝台特急電車の「サンライズ出雲」が東京～出雲市間で運転を開始。東京～高松間の「サンライズ瀬戸」と東京～岡山間で併結運転を行っている。

　伯備線を代表する「やくも」は岡山～出雲市間を1日15往復する。ローカル輸送の主役は全線で運転される115系電車だが、213系電車も倉敷～新見間で運用されている。全線電化路線ながら、一部の

伯備線は、"陰陽連絡線"で唯一の電化路線でもあり、EF64形1000番代が牽引する貨物列車が運転されている。

列車には気動車のキハ120形やキハ121形も使われている。また、JR貨物のEF64形電気機関車が牽引するコンテナ貨物列車が、岡山貨物ターミナル～伯耆大山間に1日4往復運転されている。

フリーゲージトレイン導入には「費用対効果なし」との試算

　伯備線は、備中松山城 (高梁市) に拠点を置いた備中松山藩主・水谷勝隆が1652 (承応元) 年までに開いた高梁川の舟運を引き継いだ路線になる。古来多くの人や荷物が行き交い、伯備線の開通は岡山県発展の礎となることが期待されていた。さらに、1972 (昭和47) 年の山陽新幹線岡山開業に伴う特急「やくも」の運行や、1982 (昭和57) 年の全線電化により、JR貨物による電気機関車牽引の貨物列車が定期運行されるなど、陰陽連絡の大動脈ともなっている。

伯備線

終点の伯耆大山の辺りでは、駅名の通り大山が車窓から望める。架線の下、間合い運用のキハ120形が単行で走る。岸本〜伯耆大山間　写真／佐々倉 実

　ただし、伯備線は線路規格の低い丙線（ローカル線）として建設されたため、線形が極めて悪い。岡山・鳥取・島根3県による「JR伯備線調査検討委員会」がフリーゲージトレイン（軌間可変列車・FGT）の導入による高速化に向け、2016（平成28）年2月に公表した調査報告によると、現在の「やくも」の運行ルートである岡山〜出雲市間（伯備線・山陰本線、約220km）には、半径400m未満の急カーブが147カ所あり、重いFGTの運行には橋梁76カ所、踏切209カ所の強化が必要だという。

　また、伯備線内にトンネルを新たに数十カ所掘削するなど、最大規模の線路改良を行った場合、事業費は2千数百億円に上る。それでも岡山〜出雲市間の所要時間短縮は15分程度。さらに山陽新幹線でのFGTの最高時速が「のぞみ」より30km遅い270kmにとどまるため、新大阪〜出雲市間では現状の「のぞみ」と「やくも」乗り継ぎよりも8分遅くなってしまうとの試算が示された。これにより、伯備線へのFGT導入は「非現実的」との認識が強まっている。

開業当時は珍しかった
人名由来の駅名「方谷」

　伯備線を象徴するのは、渓谷が続く車窓風景になる。新郷〜上石見間の谷田峠を境にして南側は高梁川水系、北側は日野川水系に沿って中国山地を縦断。方谷から井倉にかけては井倉峡に沿って走り、落差60mの絹掛の滝も列車から見える。カルスト地形が続く沿線には鍾乳洞が多く、石灰石の採掘場も随所に見受けられる。井倉〜石蟹間には、さらに川寄りを走っていた旧線跡も残る。

伯備線

　伯耆溝口～伯耆大山間では、伯耆富士とも呼ばれる中国地方最高峰・大山(標高1729m)が眺められる。しかし、山陰地方は気象条件が厳しく、特に冬場は美しい山容が、雲に隠れることも少なくない。途中下車駅としては、備中松山城下の遺構が残る備中高梁、宿場町だった根雨や江尾の人気が高い。

　起点・倉敷から47.4kmの位置にある方谷は、1日平均乗車人員が20人に満たない山間のローカル駅。駅名は幕末期に活躍した備中松山藩士・山田方谷に由来する。国内では珍しい"人名駅"だが、1928(昭和3)年の開業当時「『西方の谷』という意味の地名である」として地元の要望を容れ、名付けられた。

伯備線の南側にずっと連なる高梁川から日野川への渓谷美

　伯備線北部の絶景ポイントが、大山が造る「山の風景」なら、南部のそれは岡山県を代表する大河のひとつ、高梁川(全長111km)が刻んだ「川の風景」になる。高梁川は沿線の拠点・岡山県新見市の北方にそびえる花見山(1188m)を源流として、ほぼ線路に沿って下っている。下り列車が倉敷を出て間もなく、清音のあたりから車窓の左手に寄り添ってくる。川幅は広く、流れは緩やかで、里山の風景の中に穏やかに溶け込んでいる。総社の市街地でいったん眺めは妨げられるが、豪渓付近で再び流れが迫る。川幅は狭まり、最初の「渓谷美」を迎える。連続する短いトンネルの切れ目から、流れを速めた川が見下ろせる。備中広瀬を過ぎてトンネルを抜けると、風景は急に広がり、松山

藩の城下町・高梁の盆地に入る。

　その先が、さらに険しい渓谷になる。撮影ポイントでもある第二高梁川橋梁(112ページ写真)からは、澄んだ流れの水面がよく見通せる。方谷から井倉にかけては「井倉峡」、新見から布原、備中神代にかけての支流の西川には「阿哲峡」、さらに分水嶺を越えた生山周辺の日野川にも「石霞渓」と、それぞれ趣のある名が付けられている。

文／松尾 諭、武田元秀

路線DATA

開業年	1919(大正8)年
全通年	1928(昭和3)年
起終点	倉敷／伯耆大山
営業距離	138.4km
駅数	28駅
電化/非電化	電化・直流1500V
所属会社	JR西日本

境線

境線では1993年から「鬼太郎列車」を運行。現在は2018年に採用されたデザインで運行。写真は3代目の「目玉おやじ列車」。和田浜〜大篠津町間　写真／牧野和人

境線

明治期に開業した山陰地方初の鉄道

米子から境港へのアクセスだけでなく、米子空港へのアクセス路線としての側面もある境線。線路の奥には広大な米子空港が見える。写真は旧ラッピング。大篠津町〜米子空港間　写真／PIXTA

山陰初の鉄道として開業
空港拡張により線路・駅が移設

　鳥取県西部の中心都市・米子市は、山陰本線と国道9号、山陰自動車道が交わる交通の要衝でもある。米子駅を起点とする境線は、1902(明治35)年、山陰本線を建設するための資材を陸揚げし、米子へ運搬する目的で開業した、山陰地方で最も早くに敷設された鉄道であった。開業当初の区間は、境(現・境港)〜米子御来屋間だったが、1908(明治41)年に米子〜安来間が開業した際に、御来屋〜米子間とともに御来屋〜安来間が本線となり、米子〜境間は支線になった。1909(明治42)年に国有鉄道線路名称が制定されると、米子〜境間は境線と名付けられた。

　それ以降境線は、日本有数の水揚げ量を誇り、隠岐諸島への船が発着する境港市と、鳥取県西部の中心都市である米子市を連絡する鉄道として機能している。路線は弓ヶ浜半島のほぼ中心部を貫き、勾配も比較的平坦な地形に延びている。

　御崎口(現・大篠津町)〜中浜間に位置する、航空自衛隊の美保基地と共用の米子空港では、2006年(平成18)年から空港滑走路の拡張が始まった。これに伴い境

境　線

線は、2009（平成21）年までに東側へ大きく迂回することとなった。路線移設の際、空港に最も近い大篠津駅は場所を移され米子空港駅と改称した。また、御崎口駅は大篠津町駅と改められた。

駅の移設とともに米子空港駅には、空港ターミナルビルとの間に屋根付き歩道が整備されたが、空港の就航便数もさほど多くなく、米子〜米子空港間にはリムジンバスも設定されているため、境線は空港アクセス鉄道として十分機能しているとはいえない。

妖怪で町おこしをする境港市に合わせて導入したラッピング列車が人気に

境線はほとんどの列車が米子〜境港間を走行し、平日は5〜23時台には1時間に1本の割合で、平日1日21往復、土曜・休日17往復設定されている。さらに多客期の土曜日と休日には、快速「みなとライナー」1往復が増発される。途中停車駅は後藤・弓ケ浜・米子空港・中浜・余子・馬場崎町の各駅。各駅停車が約45分で走行するところ、「みなとライナー」の所要時間は下りが29分、上りが27分である。

後藤駅に隣接して後藤総合車両所が設けられており、車両工場へ電車を回送するため米子〜後藤間のみ電化されている。このほかは非電化区間であり、車両は後藤総合車両所配置のキハ40形・キハ47形・キハ121形・キハ126形が運用される。

境港市は漫画家の故・水木しげる氏の出身地で、水木氏の作品「ゲゲゲの鬼太郎」を用いて町おこしを行っている。JR西日本も境線の活性化を目的に、1993（平成5）年に鬼太郎の絵をラッピングした「鬼

太郎列車」を登場させ、以後、徐々にバリエーションを増やし、現在は6種類のキャラクターの車両が運行中だ。

さらに、2005（平成17）年には境線の各駅の愛称として、「ゲゲゲの鬼太郎」に登場する妖怪の名前を採用した。一例を挙げると、米子駅は「ねずみ男駅」、河崎口駅は「傘化け駅」、境港駅は「鬼太郎駅」などである。また米子駅の境港線専用ホームは、駅舎に最も近い1番線の切り欠き部にある0番線が使われているが、ここには「霊番線」と表示されている。さらにホーム上には木彫りのねずみ男像などの妖怪モニュメントが設置されており、乗客の目を楽しませている。

文／平賀尉哲

路線DATA

開業年	1902（明治35）年
全通年	1902（明治35）年
起終点	米子／境港
営業距離	17.9km
駅数	16駅
電化/非電化	電化・直流1500V／米子〜後藤間 非電化／後藤〜境港間
所属会社	JR西日本

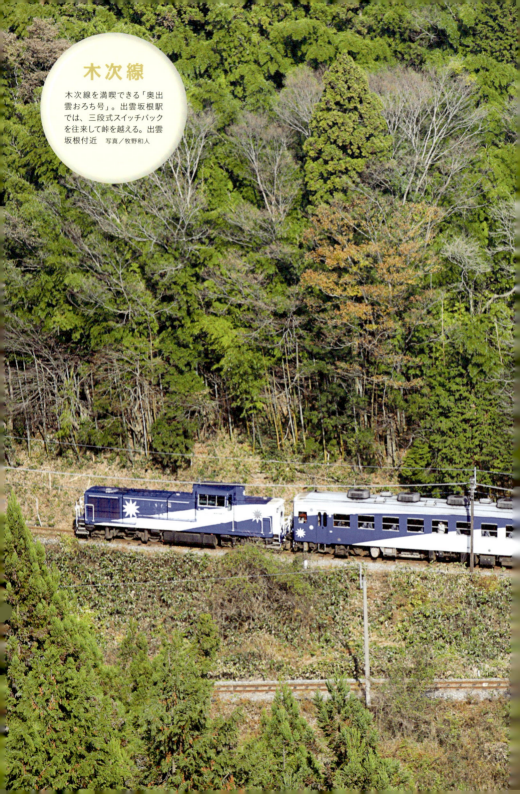

木次線

木次線を満喫できる「奥出雲おろち号」。出雲坂根駅では、三段式スイッチバックを往来して峠を越える。出雲坂根付近　写真／牧野和人

木 次 線

奥出雲を走る山陰地方屈指の観光路線

木次線は旅客数が少なく、小型気動車のキハ120形で運転されるが、写真のように2両編成の列車もある。幡屋　写真／牧野和人

"陰陽連絡線"としての機能を失い
トロッコ列車で観光客誘致

　ヤマタノオロチ伝説に代表される神話の里を行く木次線。山陰本線の宍道から芸備線の備後落合に至る全長81.9kmの山岳路線だ。山陰と山陽を結ぶ"陰陽連絡線"のひとつとして機能していたが、モータリゼーションの発達などによって、陰陽連絡という本来の使命は失われた。しかし、トロッコ列車「奥出雲おろち号」が運行を開始して以降、現在は山陰屈指の観光路線として人気が高い。

　木次線は国鉄の赤字ローカル線の見直しによって一時は廃止も検討されたが、「沿線道路が未整備である」との理由から、1984（昭和59）年に策定された第2次特定地方交通線への指定を免れている。2019（令和元）年度の輸送密度は1日あたり190人と、JR西日本管内の路線ではワースト6位だった。

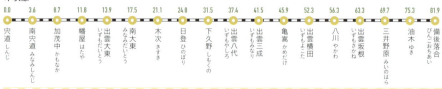

木次線

　高速道路が延伸され、長距離バスが登場すると木次線は厳しい経営状態に追い込まれた。1992(同4)年4月に最大の難所であった出雲坂根～三井野原間の国道314号に「奥出雲おろちループ」が完成。二重ループ式の道路としては日本一の規模を誇り、木次線の存在感はさらに希薄になった。しかし、出雲坂根駅の三段式スイッチバック(120ページ写真)をはじめ、駅舎が奥出雲名物そば店の亀嵩駅、1934(昭和9)年の開業当時の荘厳な木造駅舎が残る出雲横田駅など、路線や施設自体に価値を見出し、観光資源として活用することで、かつての陰陽連絡路線は人気の観光路線となった。

山岳地帯の厳しい条件ながら
かつては夜行「ちどり」も運行

　木次線の歴史は1914(大正3)年1月に設立された簸上鉄道に始まる。1916(大正5)年10月に宍道～木次間が開業し、旅客輸送のほか奥出雲産の木材や木炭の運搬に貢献した。

　木次以南は鉄道省によって計画が進められ、1921(大正10)年には帝国議会で木次線の建設区間が木次～備後落合間に決まり、1927(昭和2)年12月に木次～出雲三成間が着工される。工費節約のため木次線最長となる下久野トンネル(2241m)以外は極力トンネルを避けたルートが選定された。1932(昭和7)年12月に木次～出雲三成間の木次線が開業し、1934(同9)年8月には簸上鉄道が国有化されて宍道～木次間を木次線に編入。同年11月に出雲三成から八川まで延伸開業を果たしている。

神話の里にふさわしく、入り口にしめ縄が掛けられ、神社のような荘厳なつくりの出雲横田駅。

　八川から先は中国山地の山間部であるため地形条件が厳しく、出雲坂根付近には三段式スイッチバックを採用して勾配を克服した。1937(昭和12)年12月に八川～備後落合間の延伸開業によって全通する。全通後は宍道～木次間、木次～備後落合間の区間列車が設定され、全線を直通する列車も6往復あったが、戦後の1947(同22)年には直通列車は2往復半に減便された。

木 次 線

キハ58系で運転されていた急行「ちどり」。出雲坂根のスイッチバックを行く。1991年8月2日撮影　写真／牧野和人

観光路線の駅として整備された出雲坂根駅構内。2面2線で列車の行き違いができる。写真／目黒義浩

　1953（昭和28）年11月に米子〜広島間に快速「ちどり」が誕生し、1955（昭和30）年12月には夜行列車の「夜行ちどり」も運転を開始。1964（昭和39）年10月には鳥取〜松江〜木次〜広島間に準急「いなば」も登場した。1966（昭和41）年、全列車が急行列車に格上げされて、木次線は黄金時代を迎える。

　1968（昭和43）年10月に鳥取〜広島間の「いなば」は米子〜広島間の「ちどり」に統合され、「ちどり」は4往復体制となった。しかし、黄金時代は長くは続かず、1980（昭和55）年10月には「夜行ちどり」が廃止。1990（平成2）年3月に「ちどり」の運転区間が備後落合〜広島間に短縮されて、木次線から優等列車が姿を消した。
　1998（平成10）年4月から沿線自治体などの連携によるトロッコ列車「奥出雲おろち号」が運転を開始。現在は木次線を代表するトロッコ列車として人気を誇っている。

神話の登場人物に由来する木次線の駅の愛称名

　1993（平成5）年から全列車にキハ120形を使用し、一部の列車を除いてワンマン運転を実施する。現在は、全線を直通する列車が「奥出雲おろち号」のほか2往復設定され、山陰本線の松江まで直通する列車もあるが、出雲横田〜備後落合間は運行本数が少ない。保守工事のため、第2木曜日と第3日曜日に運休する列車があり、代行輸送が行われている。
　1998（平成10）年には、木次〜備後落合間にトロッコ列車「奥出雲おろち号」がデビューした。DE15形ディーゼル機関車と12系客車2両を使用し、観光シーズンを中心に運転される。
　沿線には素戔嗚尊（すさのおのみこと）が八岐大蛇（やまたのおろち）を退治して、奇稲田姫（くしいなだひめ）を救い、大蛇の尾から「三種の神器」のひとつ、天叢雲剣（あめのむらくものつるぎ）（草薙剣（くさなぎのつるぎ））が現れたという神話が残されている。木次線が神話のふるさとを走ることから、木次の八岐大蛇、日登（ひのぼり）の素戔嗚尊、出雲横田

木次線

の奇稲田姫など、神話の登場人物が愛称になった駅がある。2007(平成19)年のことで、木次〜三井野原間の10駅のホームにイラスト入りの解説板も設置された。

亀嵩駅は松本清張の小説『砂の器』の舞台でもあり、映画のロケ地となったことでも知られている。駅舎内には奥出雲名物の亀嵩そばが味わえる「扇屋そば」がある。店内で食べられるほか、予約すれば「亀嵩駅そば弁当」を列車の到着に合わせてホームまで届けてくれる。

斐伊川に沿う神話の故郷から巨大道路橋「奥出雲ループ」へ

木次線では、春から秋の観光シーズンに運転されるトロッコ列車「奥出雲おろち号」の人気が高い。(時期により出雲市〜宍道〜)木次〜備後落合間60.8kmを2時間以上かけてゆっくりと走る。宍道を出発すると山陰本線と分かれて、奥出雲地方の山間部へ入る。木次線は斐伊川の流域をたどるが、車窓から斐伊川の本流が眺められるのは木次付近、出雲三成付近、出雲横田付近と意外に少ない。沿線には八岐大蛇伝説に関連する史跡も点在し、大蛇の8つの頭を埋めたと伝えられる八本杉や大蛇の棲み家だったとされる天が淵などがある。

木次線の最大の見せ場は出雲坂根〜三井野原間の三段式スイッチバック。豊肥本線の立野駅と並ぶ極めて珍しい構造だ。

左ページの急行「ちどり」と同じく、スイッチバックを登っていくキハ120形。時代は変わっても、厳しい勾配に挑む鉄道の苦労をしのばせてくれる。出雲坂根　写真/目黒義浩

スイッチバックとは急勾配を登るために進行方向を変えながらジグザグに進むことで勾配を克服する方式である。高低差161mの両駅間には9つのトンネルがあり、険しい中国山地の脊梁部を越えていることを実感できる。30‰の勾配が続き、サミットとなるJR西日本最高地点(標高726m)にあたる三井野原駅に着く。

車窓は眼下に見える線路、国道314号の「奥出雲おろちループ」など見どころ満載だ。出雲坂根駅のホームには延命水と呼ばれる名水が湧き、停車中に飲むことができる。近年、駅前にも飲み場が設けられた。

文/松尾 諭

路線DATA

開業年	1916(大正5)年
全通年	1937(昭和12)年
起終点	宍道/備後落合
営業距離	81.9km
駅数	18駅
電化/非電化	非電化
所属会社	JR西日本

美祢線

築堤の上に敷設された美祢線。堤の西側（左側）には集落が広がり、段々畑が連なる"日本の原風景"が広がる。於福〜渋木間　写真／PIXTA

美祢線

沿線産出の石炭・石灰石輸送で繁栄

石炭や石灰石を満載した貨物列車が行き違いできるように、長大な構内を持つ於福駅。小さなキハ120形が交換する。
写真／牧野和人

日露戦争向けの運炭を図り
山陽鉄道が突貫工事で開業

　美祢線は山陽本線の厚狭と山陰本線の長門市を結ぶ"陰陽連絡線"のひとつだが、もともと大嶺炭田（山口県美祢市・下関市）で産出した石炭をいまの周南市にあった旧帝国海軍燃料廠（備蓄基地）へ運ぶための路線として建設された。海軍は1904（明治37）年に開戦していた日露戦争で軍艦用に大量の石炭を必要としたことから、神戸〜馬関（現・下関）間を運行していた山陽鉄道に突貫工事を命令。1年ほどの工期で翌05年9月13日に20kmの全線を完成させたものの、8日前に日露両国間に休戦協定が結ばれ、山陽鉄道支線（現・美祢線）の運炭列車が日露戦争の役に立つことはなかった。

　1906（明治39）年に山陽鉄道が国有化。1909（明治42）年には大嶺線の名称

DD51形に牽引されて美祢線を行く石灰石列車。背後にはセメント工場が見える。2006年撮影　写真／PIXTA

128

美祢線

が制定された。途中の南大嶺以北は美祢軽便鉄道の路線として伊佐〜吉則（現・南大嶺）〜重安間が1916（大正5）年に開業。1920（大正9）年には国有化されて美禰軽便線（のち美禰線、1963年から美祢線）となり、1924（大正13）年に正明市（現・長門市）まで全通している。

豪雨による甚大な被害も「国体までに」の熱意で復旧

　沿線には石炭とともに石灰石が埋蔵されていたため、美祢〜上領間で分岐する宇部興産の専用線が敷かれ、石炭産業の衰退後も美祢〜宇部港間に多くの専用列車が運行されていた。しかし、宇部興産宇部・美祢高速道路（貨物専用）の開通などによって、宇部港への石灰石専用列車は1998（平成10）年に廃止。美祢線の貨物輸送自体も2014（平成26）年に全廃された。全通により支線となった南大嶺〜大嶺間2.8kmも、1970（昭和45）年の大嶺炭鉱閉山以降貨物・乗客が激減し、1997（平成9）年に廃線となった。

　山陰本線と博多、小郡（現・新山口）を結ぶ急行「あきよし」「さんべ」などの一部編成が美祢線経由で運行されていたが、1985（昭和60）年までに廃止されている。「さんべ3号」が長門市で美祢線・山陰本線経由に分割され、下関で再び併結される運行形態は、西村京太郎のトラベルミステリー『再婚旅行殺人事件』（1982年）のアリバイトリックに利用された。

　美祢線は2010（平成22）7月の豪雨で第三厚狭川橋梁の橋桁3連・橋脚2基が完全に流出するなど、甚大な被害を受けた。復旧まで3年はかかるとの見通しも示され

たが、翌11年10月開催の「おいでませ山口国体」までの復旧を望む県側の強い意向もあって、同年9月26日に全線での運転再開を果たしている。

　現在の美祢線はほとんどがキハ120形のワンマン運行による普通列車で、厚狭〜長門市間の全線（一部は山陰本線支線の仙崎まで）を直通している。　文／武田元秀

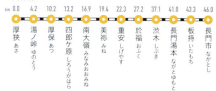

路線DATA

開業年	1905（明治38）年
全通年	1924（大正13）年
起終点	厚狭／長門市
営業距離	46.0km
駅数	12駅
電化/非電化	非電化
所属会社	JR西日本

山口線

山口線を走る「SLやまぐち号」は、国鉄時代に復活を果たしたSL列車。牽引機にはD51形200号機が加わり、客車も新造された。徳佐〜船平山間　写真／牧野和人

山 口 線

国鉄・JRで最初にSL列車を復活

新山口と米子・鳥取とを結ぶキハ187系の特急「スーパーおき」。山陽新幹線や九州地方と益田、浜田など山陰の主要都市を結ぶ役割を担う。船平山～津和野間　写真／佐々倉 実

地味な"陰陽連絡線"だったが
SLの運行で名をあげる

　蒸気機関車が牽引する「SLやまぐち号」が走る山口線は、山陰本線と山陽本線を結ぶ"陰陽連絡線"としてではなく、当初は幹線の山陽本線の一部として、島根県浜田を経由して山口市近辺に至る路線が計画され、小郡(現・新山口)駅から建設を開始。1913(大正2)年に小郡～山口間が開業した。その後、"陰陽連絡線"の使命が与えられ、1923(大正12)年4月に石見

益田(現・益田)駅まで全通。山陰本線は米子方面から同年12月に石見益田駅まで延伸し、山口線を介して陰陽連絡が実現した。なお、小郡駅は2003(平成15)年10月のダイヤ改正で「のぞみ」が停車することとなり、同時に新山口駅へ改称されている。

　新山口駅には下関総合車両所新山口支所が併設され、山口線で運用されるキハ40形・キハ47形気動車、美祢線などで運用されるキハ120形気動車が配置されて

132

山　口　線

1979年からC57形1号機の牽引で運転された「SLやまぐち号」。当時は蒸気機関車が引退したばかりで、沿線への煤煙被害を減らすため、集煙装置が装着されていた。写真は国鉄時代。写真／佐々倉 実

いるが、最も注目されるのは「SLやまぐち号」の牽引機が冬期を除き常駐していることだ。

　1976（昭和51）年3月2日、北海道の追分機関区での入換作業を最後に、国鉄から蒸気機関車が消えた。同年9月に国鉄は、京都〜大阪間でSLを運転したが、人身事故が発生。都市部では警備が困難であることから地方線区にシフト。山口線に白刃の矢が立てられ、1979（昭和54）年8月1日に山口線で「SLやまぐち号」の運行を開始した。多数の候補線区の中から山口線が選ばれたのは、転車台が稼働状態で残っている、人家の密集地を通過しない、煙を噴き上げる適度な勾配区間がある、終着駅が観光地に接続している、などの条件を満たしたためだ。また、始発の小郡が山陽新幹線と接続し、新幹線を介して広範囲に乗客を集められることも山口線が選ばれた理由だ。

特急は1日3往復
SLは土休日を中心に運行

　山口線は国鉄・JRが定める地方交通線で、主に山口駅を境に新山口側と益田側に系統分離されている。もともとの建設目的だった新山口〜山口間はダイヤが厚く、同区間は19.5往復（うち1往復は快速）、新山口〜宮野間7.5往復を含めると1時間に1〜2往復運行されている。反面、島根県側の津和野〜益田間は新山口・山口からの直通列車がほとんどで計7往復と、新山口〜山口間と比べて明らかな差がついている。全線を通して運行される普通列車は2.5往復（うち下り1本は新山口〜山口間快速）だが、新山口〜山口間の列車と山口〜津和野・益田間の列車は山口での接続がよい。このほか山口〜宮野

山口線

山口線の普通列車には首都圏色のキハ40形・47形が使用され、キハ120形の運行はない。蒸気機関車だけでなく、普通列車の旅もレトロで味わい深い。長門峡〜渡川間　写真／松尾 諭

間、山口〜津和野間、新山口〜津和野間、山口〜益田間で普通列車が設定されている。

特急は新山口〜米子・鳥取間「スーパーおき」が1日3往復あり、新山口で「のぞみ」に接続する。「のぞみ」と「スーパーおき」を使えば、新大阪〜益田間は約3時間40分である。

「SLやまぐち号」の牽引は1979（昭和54）年の運転開始以来、C57形1号機が務めてきたが、2017（平成29）年11月から京都鉄道博物館で動態保存されていたD51形200号機が本線走行できるように整備されて加わった。山口線はもともとD51形が牽引していた路線であった。客車も旧型客車風の最新型、35系客車が同年に新製されて、運行日には沿線にカメラを構えた多くの鉄道ファンでにぎわう

（検査の都合で、牽引機がディーゼル機関車に交代する日もある）。

沿線は新山口〜宮野間は椹野川に沿い、宮野〜篠目間は山間部になる。以北は山口・島根県境で再び山間部となるが、それ以外は盆地の中を進む。津和野は"山陰の小京都"と称される観光地で、「SLやまぐち号」の終着駅だ。津和野川・高津川に沿って山口線は延び、左側から山陰本線が合流すると益田に着く。　文／平賀尉哲

路線DATA

開業年	1913（大正2）年
全通年	1923（大正12）年
起終点	新山口／益田
営業距離	93.9km
駅数	28駅
電化/非電化	非電化
所属会社	JR西日本

第 5 章

車両ガイド

特急形電車
381系／281系／285系／287系／289系／271系

通勤・近郊形電車
323系／223系

特急形気動車
キハ181系／キハ187系／キハ189系

一般形気動車
キハ120形／キハ126系

客車・機関車
35系／C57形1号機／D51形200号機／DD51形

VIII

JR路線大全

車両ガイド

381系 日本で初めての振り子式車両 伯備線「やくも」で現役の国鉄型特急

「やくも」用の381系は2007年から内外装がリニューアルされ、白地に赤系の塗色に変更。リニューアル車には「ゆったりやくも」の愛称がある。写真／目黒義浩

中央西線の高速化を進めるため奥の手の振り子式を採用

 中央西線ではキハ181系で特急「しなの」を運行していたが、電化に際し、カーブが多いため通常の電車特急ではスピードアップの効果があまり見込めなかった。そこで、カーブで車体を内側に傾けることで遠心力を小さくし、速い速度を維持したまま通過できる振り子式構造を採用した381系が1973年に登場した。

 振り子式の効果を最大限に発揮するため、車体にアルミニウム合金を使用して軽量化。さらに冷房装置を床下に搭載して屋根上機器をなくし、低重心化が図られた。カーブでは架線に大きな横圧を与えるため、車両だけでなく地上設備にも対策が施された。なお、架線に対策を施していない路線を走る時は、振り子機能を停止している。

 381系は1973年7月から中央西線の「しなの」でデビュー。モハ381形、モハ380形、クハ381形、サロ381形の4形式のみ

136

車両ガイド

「しなの」でデビューした381系。冷房がなく、平坦な屋根上が特徴。初期車のクハ381形0番代は貫通型先頭車だった。

「しなの」の短編成化のため、サロ381形を先頭車化改造したクロ381形が登場。1988年以降はパノラマグリーン車（10番代）となった。

1989年に投入された「スーパーくろしお」では、白地に黄色と赤色の帯を巻く専用色をまとい、パノラマグリーン車も用意された。

1994年から「スーパーやくも」が運転され、ムラサキ色を基調にした塗色を採用。この後、標準の「やくも」用はグレー地に緑色帯の塗色をまとった。

で、食堂車はない。1978年9月から阪和線・紀勢本線の「くろしお」にも投入され、先頭車には非貫通型の100番代が増備された。1982年7月からは伯備線の「やくも」にも投入された。

国鉄分割民営化ではJR東海とJR西日本が承継。両社とも編成の短縮化のため中間車の先頭車化改造が行われ、モハ381形を先頭車化したクモハ381形やクロ381形も登場した。グリーン車には前面を展望車にしたパノラマグリーン車も改造によりお目見えした。

JR西日本では塗色変更やグレードアップ改造車も登場した。2012～15年には「こうのとり」や「はしだて」など北近畿方面の特急にも充当されたが、これらは振り子制御を停止していた。

「しなの」と「くろしお」の381系は後継車両に置き換えられて引退したが、「やくも」は現在も381系のみで運転。国鉄特急形電車を使用した最後の定期特急となっている。

137

車両ガイド

281系 関西国際空港と新大阪・京都を結ぶ和風デザインのアクセス特急

非常用貫通扉を備えた高運転台スタイルで、前照灯まわりが「く」の字状に凹んだデザインを採用。新大阪・京都に直通するルートが好評で、増結されて6両編成になった。

まずは5両編成でデビュー
6両に増結し付属編成も登場

　1994年9月4日に関西国際空港が開港し、JR西日本と南海がアクセス輸送を担うことになった。JR西日本では新大阪、京都とを結ぶ空港アクセス特急「はるか」を運行することになり、281系を投入した。
　車体色はシャイニングホワイトを基調に、肩部にコスモグレー、袖部にストラトブルーを配する。ロゴマークには五重塔がデザインされ、屋根に大きなJRマークが描かれる。
　当初は5両編成だったが、好評のため翌95年7月には6両編成に増結。あわせて3両の付属編成も新製された。グリーン車は関空寄りに連結され、京都シティエアターミナル（京都CAT）で手続きの済んだ荷物を載せられるように荷物室がある。しかし2002年8月に京都CATが閉鎖され、荷物室の使用を停止。10月に編成が方向転換された。2019年から車体に「ハローキティ」ラッピングが施されている。

車両ガイド

285系
最後の寝台特急は日の出をイメージ
全車個室で夜行列車の新時代を構築

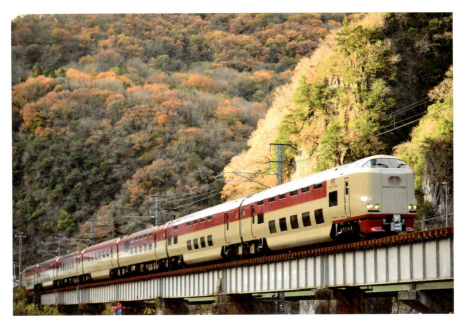

個室の窓が上下に並ぶ285系。従来のブルートレイン客車と異なり、ダブルデッカーの経験をいかして階上・階下をフルに活用している。

愛称は「サンライズエクスプレス」
JR西日本とJR東海が編成を保有

　寝台特急「瀬戸」「出雲」の老朽化した寝台客車を置き換えるため、JR西日本が直流特急形電車の寝台列車、285系を1998年に投入した。JR西日本が0番代を3編成保有するが、JR東海も内外装が同じ3000番代を2編成保有し、共通で運用されている。

　285系には「サンライズエクスプレス」の愛称があり、ブルートレインの夜のイメージから一転、その名の通り日の出をイメージした車体色となった。7両編成で、車内はすべて1人用ないし2人用の個室寝台で、指定席扱いとなる「ノビノビ座席」が1両連結される。内装の設計には住宅メーカーが関わった。

　東京〜高松間の「サンライズ瀬戸」と東京〜出雲市間の「サンライズ出雲」で運行され、東京〜岡山間では併結運転を行う。現在、日本を走る最後の定期寝台列車となっている。

車両ガイド

287系 — 北近畿方面の特急を置き換え 振り子特急「くろしお」の後継も担う

北近畿方面の特急で使用される287系はダークレッドの帯色をまとう。4両編成と3両編成を活用し、長編成の単独列車から2列車の併結運転も担う。グリーン車は4両編成の先頭車で合造車のクモロハ286形を連結する。

381系から「くろしお」を継承した287系。最高速度は速くなったが、車体傾斜装置は搭載しないので、所要時間は少し延びた。北近畿方面用とは番代区分されず、製造番号は続番になっている。

**0.5M方式の全電動車方式を採用
編成と帯色が異なる2系統の特急**

　287系は、直流区間で使用する国鉄時代に製造された特急形電車の置き換えを目的に開発された。基本的な構造は683系4000番代をベースとし、最高速度は130km/h。編成の全車両が電動車だが、1両の片台車のみを電動台車とする0.5M方式で、冗長性を高めている。

　グリーン車は2＋1列配置、普通車は2＋2列配置の回転リクライニングシートで、グリーン車全席と普通車の車端部座席にモバイルコンセントを設けている。

　2011年3月から北近畿地区を結ぶ特急「こうのとり」「きのさき」「はしだて」「まいづる」に投入された。4両編成と3両編成があり、側窓の下にダークレッドの帯を配する。

　翌12年3月から紀勢本線の特急「くろしお」にも投入。こちらは6両編成と3両の付属編成があり、帯色は283系と共通のオーシャングリーンである。

車両ガイド

289系

特急「しらさぎ」の683系2000番代を直流化改造した特急形電車

オーシャングリーンの帯を巻く289系。流線形先頭車のクロ682形2000番代も直流化改造されてクロ288形2000番代になり、さらに半室グリーン車のクロハ288形2000番代に改造された。

「こうのとり」「きのさき」「はしだて」用の289系はワインレッドの帯を巻く。写真は高運転台タイプの先頭車だが、クロハ288形は流線形の先頭車である。

683系の5両編成を組み換えて287系と編成をそろえる

　2015年3月に北陸新幹線が金沢まで延伸開業し、北陸地区の特急網は激変した。特急「サンダーバード」などで使用する683系は、当初から北陸新幹線の開業を見越して、交直流電車から直流電車化しやすい構造で設計された。

　そこで「しらさぎ」用の683系2000番代は、直流電車の289系に改造された。683系2000番代には5両編成と3両編成があり、5両編成のグリーン車クロ682形のみは、流線形の先頭車であった。

　阪和線・紀勢本線の特急「くろしお」と、北近畿方面の「こうのとり」「きのさき」「はしだて」に投入することになり、5両編成12本は「くろしお」用に6両編成×5本、北近畿特急用に4両編成×7本に組み直し、3両編成9本は「くろしお」に3本、北近畿方面特急に6本が割り振られた。帯色は287系と共通だが、形式をまたいで併結することはない。

車両ガイド

271系 増加するインバウンド需要に対応 281系に併結する増結用3両編成

3両編成を2本併結した271系の試運転列車。281系を角張らせた印象だ。営業運転を前に、全編成に「ハローキティ」ラッピングが施され、現在は写真のようなシンプルな外観ではない。

**最新仕様の技術・サービスだが
併結しても違和感のないデザイン**

　関西国際空港のアクセス特急「はるか」は6両編成と3両編成があり、多客期は9両編成で運転される。関空と「はるか」は、2010年代のインバウンド増加に加え、2020年の東京五輪、2025年の日本国際博覧会（大阪・関西万博）など、利用客のさらなる増加が見込まれた。

　そこで、全列車で9両編成が組めるように付属編成が増備されることになった。し かし、281系は登場から25年以上経っているため、新形式の271系が開発された。デザインテーマは281系を踏襲。0.5M方式の全電動車構造とした。さらに多言語表示対応の情報案内装置、全席へのモバイルコンセント設置、荷物置き場の改良、フリーWi-Fiの提供などが行われた。

　2020年3月14日から営業運転に就いたが、COVID-19による需要減少で「はるか」は間もなく6両編成での運転となり、本格的な活躍ができていない。

車両ガイド

323系

大阪環状線・桜島線の新型車両
実際の運用を踏まえて3ドア車で登場

227系や225系100番代と共通の車体デザインを採用。併結運転をしないため、前面の転落防止幌は付かない。貫通扉の窓には大阪環状線改造プロジェクトのロゴマークが入る。

227系に似た外観のステンレス車
客室には車内案内装置を充実

　JR西日本では2013年に「大阪環状線改造プロジェクト」を掲げ、新型車両の投入を発表。2016年12月にデビューしたのが323系である。大阪環状線には3ドアの近郊形電車も走るため、整列乗車や将来のホームドア設置を見据えて、323系は通勤形ながら片側3ドアとなった。

　8両貫通編成で、最近のJR西日本の方針により0.5Mの全電動車方式を採用する。車体はステンレス製で、前面デザインは227系に準じた貫通型。帯色は伝統のオレンジバーミリオンを基調にブラウンが添えられたが、4号車のみ側窓まわりの帯色をピンク色にして、女性専用車を識別しやすくしている。

　客室はロングシートで、客用扉の上と車端部の貫通扉上には車内案内装置のディスプレイが付く。大阪環状線に加え、直通運転をする桜島線（JRゆめ咲線）で運用されている。

車両ガイド

223系 「新快速」や「関空快速」で活躍する JR西日本の主力となる近郊形電車

東海道・山陽本線の「新快速」で運用される1000番代。前照灯は角型で、尾灯が裾に付くのが2000番代との識別点。車体側面にはビードが入る。現在は前面に転落防止幌が装着されている。

「関空快速」「紀州路快速」用の0番代は、丸い前照灯が特徴。写真はリニューアル改造後でLED灯が2灯ずつ収まり、転落防止幌が装着された。グラデーションの帯が特徴。

**増備途中で車体構造を変更
都市部から地方路線まで運用**

223系は、1990年代後半から2000年代前半に投入された、JR西日本の主力となる近郊形電車である。関西国際空港の開港に合わせて、1994年に0番代が登場。丸型の前照灯が特徴で、阪和線の「関空快速」「紀州路快速」に投入れた。

翌95年には東海道・山陽本線の「新快速」用となる1000番代が登場。前照灯が一般的な角型になり、帯色は221系を踏襲。最高速度130km/hで走行できる。

1999年の増備では、車体構造を大幅に変更した2000番代が「新快速」に登場。さらに同様の車体構造で0番代の後継となる2500番代、瀬戸大橋線の5000番代、福知山線・山陰本線の福知山地区向け5500番代、221系と併結可能な6000番代が投入され、広範囲で活躍をする。

さらにJR四国でも瀬戸大橋線の快速「マリンライナー」用に、223系5000番代と仕様を合わせた5000系を投入した。

車両ガイド

前照灯と尾灯が一体のケースに収まり、側面にビードがない2000番代。写真は1両の主電動機を3基とした0.75M方式の3000番代。

0番代の後継として、2000番代の構造で増備された阪和線向けの2500番代。帯色はグラデーションを継承する。「紀州路快速」などに充当。

岡山地区で、主に快速「マリンライナー」に就く5000番代。ダブルデッカーのあるJR四国5000系と併結して運転されることが多い。

山陰本線や福知山線など、福知山線地区の電化路線で運用に就く5500番代。併結時に貫通幌でつなげられるように、前面窓が立っている。

主に福知山線で使用される6000番代は最高速度は120km/hで、221系と併結できる。識別のため、貫通扉にオレンジ色の線を加えている。

一部の「新快速」に連結される「Aシート」車は、クハ222形1000番代の改造。中央の扉が埋められ、回転リクライニングシートが並ぶ。

車両ガイド

キハ181系 非電化の勾配路線向けに開発された高出力エンジンの特急形気動車

山陰本線の「いそかぜ」に充当されるキハ181系。当時の運転区間は米子～小倉間で、関門トンネルを抜けて九州に乗り入れていた。1996年撮影　写真／佐々倉 実

500馬力エンジンを新開発 「はまかぜ」で2010年まで活躍

　1961年10月ダイヤ改正でキハ82系が投入され、北海道から九州まで全国に特急網を構築。151系電車並みの快適な客室設備で好評を博した。しかし、180馬力のDMH17Hエンジンを1両に2基搭載（360馬力）する性能は急行形のキハ58系と変わらず、豪華設備で車重は重く、特に勾配路線では力不足に悩まされた。

　そこで、強力な機関を搭載する特急形気動車が開発され、1968年に登場したのがキハ181系である。500馬力のDML30HSCエンジンを1両に1基搭載。中間車の屋根上には、機関冷却用のラジエーターがずらりと並べて搭載された。

　製造された形式は先頭車のキハ181形、中間車のキハ180形、キロ180形、キサシ180形で、出力に余裕ができたため食堂車は付随車とされた。初期の2編成（キハ181形の1～4号車）は量産先行車で、5号車以降が量産車となる。

車両ガイド

「やくも」は1972年の設定から1982年までキハ181系で運転。気動車で初めてエル特急に指定された。1980年撮影 写真／佐々倉 実

四国もキハ181系が長く活躍した地域である。中間車の屋根の両側にはラジエーターがずらりと並び、圧巻の存在感を示していた。

JR西日本のキハ181系は、1998年からグレーを基調にしたJR西日本標準色に塗色変更された。「はまかぜ」が最後の定期列車となり、大阪駅まで毎日乗り入れていた。

　1968年10月1日、中央西線の特急「しなの」でデビュー。1970年2月には奥羽本線の特急「つばさ」をキハ82系から置き換えた。奥羽本線には急勾配の板谷峠があり、キハ82系は補機にEF71形を連結していたが、置き換えにより単独運転に変更された。しかしオーバーヒートが続出し、1972年10月から補機を連結した。

　このほか、1971年から伯備線の「おき」（翌72年3月から「やくも」に変更）、72年3月から四国の「しおかぜ」「南風」にも投入された。

　しかし、「しなの」「つばさ」「やくも」はいずれも電車化され、捻出された車両は山陰本線系統の「あさしお」「はまかぜ」「まつかぜ」に充当され、キハ80系を置き換えた。国鉄分割民営化ではJR西日本とJR四国が承継。JR四国では1993年に引退し、JR西日本では2001年からキハ187系に置き換え。最後まで残った「はまかぜ」も2010年までにキハ189系に置き換えられて引退した。

車両ガイド

キハ187系 山陰本線の高速化を推し進めた振り子式の特急形気動車

ステンレス車体のキハ187系。前面は視認性がよい黄色で塗装され、貫通扉にはLED式のトレインマークが入る。
写真／目黒義浩

**沿線自治体の援助を受け
特急車両を高性能な最新型に**

　長らくキハ181系が使用されてきた山陰本線の特急だが、車両の老朽化が進んでいた。また、沿線からは高速化が求められるようになった。

　沿線の島根県では、JR西日本に資金援助をして山陰本線安来〜益田間の高速化事業を推進。その一環として、制御付き自然振り子装置を搭載したキハ187系が投入された。JR四国の2000系気動車をベースにした貫通型の2両編成で、きめ細かな運用を可能にした。

　2001年7月に島根県の援助で「スーパーおき」「スーパーくにびき」用の0番代が登場。2003年10月には鳥取県の援助を受けて「スーパーおき」「スーパーまつかぜ」用の10番代と「スーパーいなば」用の500番代が投入された。

　四角い貫通型で簡素な外観だが、客室には回転リクライニングシートが並び、暖色系のカラーでまとめられている。

車両ガイド

キハ189系
老朽化したキハ181系の後継 大阪に乗り入れる「はまかぜ」専用車

運転席のパノラミックウィンドウや運転室上の前照灯などにキハ181系の面影が感じられるキハ189系。愛称表示器は付かない。
写真／目黒義浩

キハ181系の面影を残す外観
高速運転可能な高性能車

　大阪〜浜坂・鳥取間の特急「はまかぜ」ではキハ181系が使用されていたが、2000年代になると老朽化が各部で見られるようになった。そこで、置き換え用として2010年11月にデビューしたのがキハ189系である。

　車体はステンレス製で、450馬力エンジンを1両に2基ずつ搭載する。最高速度は130km/hで、大阪〜姫路間では「新快速」とともにダイヤを乱すことなく運転できる。車体傾斜装置は装備しない。

　キハ189系0番代（トイレ付き）、中間車のキハ188形、キハ189系1000番代（トイレなし）の3両編成で、グリーン車はない。683系4000番代に準じた回転リクライニングシートを装備する。

　特急「はまかぜ」のほか、間合いで大阪→草津間の通勤特急「びわこエクスプレス」2号にも充当。冬季の臨時列車「かにカニはまかぜ」にも使用される。

車両ガイド

キハ120形
NDCシリーズを採り入れてローカル線のサービス向上を図る

ステンレス車体の前面と側面に紫色をまとう関西本線用。亀山〜加茂間の非電化区間で運行され、0番代と300番代がある。写真は前照灯がLED灯に交換されている。

米子支社管内にはさまざまなキハ120形がある。写真は山陰本線出雲市〜益田間で使用される浜田鉄道部所属車。

内装はセミクロスシートとロングシート
車体はステンレスと鋼製の組み合わせ

　キハ120形は、JR西日本が1991年から非電化ローカル線に投入した一般形気動車である。完全な新設計ではなく、新潟鐵工所(現・新潟トランシス)のNDCシリーズを利用し、ワンマン運転にも対応。全長16m級と小ぶりで、路線の活性化とともに運転コストの削減が図られた。

　1991年に製造された200番代は普通鋼製車体、セミクロスシート内装で、250馬力エンジンを1基搭載する。

　翌92年に登場した0番代は、ステンレス製車体、ロングシート内装で、330馬力エンジン1基搭載と仕様が変更された。

　1993年には最多勢力となる3次車300番代が投入されたが、こちらはステンレス車体、セミクロスシート内装、330馬力エンジンの組み合わせとなった。

　近年はトイレ設置工事や体質改善工事が施されている。投入路線により塗色が異なり、カラフルな顔ぶれが見られる。

車両ガイド

広島支社新山口支所のキハ120形。山陰本線益田～長門市間、仙崎支線、美祢線で使用。青色・桃色・黒色の帯を配する。

広島支所三次鉄道部のキハ120形。芸備線広島～備後落合間、福塩線府中～塩町間で使用。青紫色と青色の帯を巻く。

前面の色が前後で異なる高山本線。富山側は赤色。高山本線の猪谷側は緑色。側面は肩部に緑色、腰部に赤色と黄色の帯。

木次線は独自塗色だったが、単色化の一環でキハ40系と同じ首都圏色(朱色5号)に変更が進んでいる。

大糸線のキハ120形は、2010年に岡山地区から転属。津山線、因美線、姫新線などでも同色のキハ120形が走る。

鋼製車体に全塗装が施された木次線向け200番代。写真の塗色をまとっていたが、全車が上の首都圏色に塗り替えられた。

151

車両ガイド

キハ126系 — 山陰本線の高速化とサービス向上に地元の援助を受けて製造した新型車

出雲市駅に停車するキハ126形0＋1000番代。2次車になる10＋1010番代とキハ121形は車体側面にビードが入るなどの差異がある。

**島根県と鳥取県が投入費用を負担
山陰本線を支える一般形気動車**

　キハ126系は、JR西日本が2001年から山陰地区に投入した一般形気動車。キハ187系と同様に高速化事業の一環となる車両で、0・1000番代は島根県、10・1010番代およびキハ121形は鳥取県の資金援助を得て製造された。キハ187系と同じ450馬力エンジンを搭載するが、1両につき1基で、片台車のみ駆動する。

　片運転台・トイレ付きのキハ126形0・10番代、同トイレなしのキハ126形1000・1010番代、両運転台・トイレ付きのキハ121形の3タイプがある。

　車体はステンレス製で、側面にはコーポレートカラーの青色の帯を巻き、中央には赤色の細帯が配されている。前面には警戒色を兼ねて赤色が入る。片側2ドア、セミクロスシートとなっている。

　山陰本線のほか、因美線、境線でも使用されている。また、ラッピング列車が運転されることもある。

車両ガイド

35系
SLやまぐち号の末永い運転のため レトロな姿で新造された最新客車

開放型展望車のマイテ49形を参考にしたオロテ35形以下の5両編成。見た目はレトロだが、冷暖房を装備し、ボルスタレス台車を履く最新型。

ダブルルーフも懐かしい
昭和初期の姿を現代技術で復刻

　JR西日本では、蒸気機関車の持続的な動態保存に取り組む方針を掲げ、その一環としてSL全盛期の旧型客車を復刻した客車が2017年9月に投入された。

　客車は5両編成で、新山口寄りの1号車はマイテ49形を復刻した展望車オロテ35形。2＋1列の回転リクライニングシートを配置し、展望デッキのほか便洗面所を設置したグリーン車とした。2〜4号車はオハ35形を復刻したボックスシート車で、2号車はスハ35形、3号車はフリースペースや販売カウンターを設けたナハ35形、4号車はオハ35形。5号車のスハテ35形はオハ31形を参考にし、屋根は採光窓のあるダブルルーフ。バリアフリー対応車で展望デッキも設けられた。

　蒸気機関車を末永く運転するために、旧型客車のスタイルを最新の技術で製作した点が評価され、2018年に鉄道友の会ブルーリボン賞を受賞した。

車両ガイド

C57形 1号機
一度も除籍されたことがない奇跡的な経歴を持つ蒸気機関車

ボイラーが細いため、直径1750mmの大きな動輪が目立つC57形。
復活初期は、沿線への煙対策として、集煙装置が付けられた。

国鉄蒸機で屈指の美しさ
脱線事故後にお召列車を牽引

　C57形は、1937年から製造された3軸のテンダー式蒸気機関車である。C55形の改良型で、1750mmの大きな動輪と細身のボイラーからなる美しいプロポーションが特徴。四国を除く全国で、特急・急行から普通列車まで、旅客列車を中心にさまざまな列車を牽引した。

　1号機は1937年3月に川崎車輌で落成。水戸、宇都宮、千葉、新津と主に東日本地区で使用された。1972年10月に梅小路機関区に転属し、梅小路蒸気機関車館の開館とともに動態保存機となった。

　その後、1979年から山口線で無煙化後の国鉄で初めて蒸気機関車列車が復活することになり、「SLやまぐち号」の牽引機に抜擢された。現在まで一度も除籍されたことがない。

　新津時代には1961年に脱線事故で大破したが修復され、1972年には羽越本線でお召列車を牽引した栄誉もある。

車両ガイド

D51形 200号機
日本最多両数が製造されたデゴイチ 本線走行が可能な整備を受けて復活

整備されて本線に復活したD51形200号機。D51形の動態保存機としては、JR東日本の498号機に続き、2両目となった。

**主に中京地区で使用された
1972年から梅小路蒸気機関車館へ**

　D51形は、1936年から製造された4軸のテンダー式蒸気機関車。日本の機関車で最多の1115両が製造され、蒸気機関車の代表形式となった。製造時期や使用路線により、ボイラーや運転席などの形状に違いがある。軸配置は先輪1軸、動輪4軸、従輪1軸で、牽引力が強い貨物用だが、勾配路線では旅客列車も牽引した。

　本線が走行できるD51形にはJR東日本が復活させた498号機とJR西日本の200号機がある。200号機は1938年に国鉄(現・JR東海)浜松工場で製造され、稲沢を皮切りに米原、大垣、中津川の各機関区に所属。1972年に梅小路機関区に転属し、梅小路蒸気機関車館(現・京都鉄道博物館)で動態保存された。構内で「スチーム号」を牽引していたが、2014年10月に本線走行ができるように整備することが発表され、2017年9月から「SLやまぐち号」の牽引にあたっている。

車両ガイド

DD51形 全国の非電化幹線を駆けた大型DL 中京地区の貨物列車と団臨用のみに

山陰本線のブルートレイン「出雲」の先頭に立つDD51形。1960年代には東北や九州でもブルートレインを牽引したが、もっとも期間が長かったのは「出雲」である。

国鉄分割民営化では
重連可能な仕様のみが承継

　DD51形は、1962年に投入された本線用の液体式ディーゼル機関車。649両が製造され、四国を除く全国で使用された。車体の中央に運転室を設け、前後に大型エンジンを1基ずつ搭載。運転室内には客車暖房用の蒸気暖房発生装置（SG）を備える。2軸ボギー台車を3組持ち、両側は動力台車、中間は付随台車で、空気バネの空気圧を変えることで、動力台車の軸重を14トンと15トンに調整できる。

　1962年に第1次試作型の1号機が落成。1000馬力のDML61Sエンジンを搭載し、計2000馬力を発揮する。続いて第2次試作型の2～4号機、先行量産型の5～19号機が投入された。1965～66年に製造された20～53号機ではエンジンが1100馬力のDML61Zに強化された。ここまでが0番代と呼ばれ、重連総括制御装置を持たない。

　1966年の増備からはDML61Zエンジンと重連総括制御装置を搭載し、500番代

車両ガイド

丸みのある車体形状が特徴のDD51形1号機。車体色はぶどう色2号に黄色帯だった。
写真／辻阪昭浩

JR北海道のDD51形1000番代は、1988年夏以降、すべて「北斗星」客車と同じ青色に金色の帯に変更された。

イベント列車を牽引するDD51形842号機。本機はお召列車を何度か牽引していて、手すりや煙突がステンレス製になっている。

JR貨物の更新工事施工車。工事内容によってAとBがある。写真はA更新車の後期の塗色（赤）と初期の塗色（青）の重連。

に区分された。ここからが実質的な量産車といえる。501～592号機はブレーキ構造の違いから半重連型と呼ばれた。

593号機以降はブレーキ構造が改良され、全重連型と呼ばれる。799号機まで製造された後は、後述の800番代が貨物用となるため1001号機に飛び、1193号機まで製造された。

1968年に登場した800番代は貨物列車の牽引をメインとしてSGを省略したため、貨物用と分類されている。899号機まで製造された後は1801号機に飛び、1805号機まで製造された。

国鉄分割民営化ではJR四国を除く6社に593号機以降と800番代が承継された。JR東海とJR九州ではすでに消滅。JR北海道も「北斗星」「はまなす」の廃止により全廃されている。JR東日本とJR西日本に臨時列車や工事列車用に在籍。JR貨物は、北海道はDF200形にすべて置き換えられ、中京地区でもDF200形200番代への交代が進んでいる。

JR 路線大全
全10巻シリーズラインナップ

■ ここに掲げた掲載内容は2021年3月時点の予定です。予告なく変更になる場合があります。
■ I～Xのローマ数字はシリーズとしての号数です。刊行順ではありません。
■ 予定号の刊行時期は未定です。発売時期は弊社公式WEBサイト「旅鉄WEB」、Amazon等のWEB書店でご確認ください。

I 函館本線・北海道各線 〔発売中〕

【掲載路線】
函館本線・留萌本線・釧網本線・千歳線・石北本線・根室本線・札沼線・富良野線・室蘭本線・宗谷本線・日高本線・石勝線・北海道新幹線

【車両ガイド掲載形式】
781系・785系・789系・711系・721系・731系・733系・735系・キハ183系・キハ281系・キハ283系・キハ261系・キハ40系・キハ54形・キハ150形・キハ141系・キハ201系・H100形

II 東北本線 〔予定〕

【掲載予定路線】
東北本線・日光線・烏山線・磐越東線・仙石線・仙石東北ライン・仙山線・石巻線・気仙沼線・大船渡線・釜石線・山田線・八戸線・大湊線・東北新幹線

【車両ガイド掲載予定形式】
E231系近郊タイプ・EV-E300形・701系・E721系・キハ110系・HB-E210系・EF65形・ED75形

III 羽越・奥羽本線 〔予定〕

【掲載予定路線】
羽越本線・奥羽本線・津軽線・左沢線・男鹿線・五能線・花輪線・田沢湖線・北上線・陸羽東線・陸羽西線・米坂線・磐越西線・白新線・山形新幹線・秋田新幹線

【車両ガイド掲載予定形式】
719系・E751系・EV-E801系・キハ58系・E653系・HB-E300系・GV-E400系

IV 山手線・首都圏各線 〔発売中〕

【掲載路線】
山手線・京浜東北線・埼京線・川越線・八高線・高崎線・武蔵野線・常磐線・水戸線・水郡線・総武本線・外房線・内房線・久留里線・京葉線・南武線・鶴見線・横浜線・根岸線・相模線・成田線・鹿島線・東金線

【車両ガイド掲載形式】
205系・209系・E231系通勤タイプ・E235系・E501系・E531系・キハE130系・253系・255系・E257系・E259系・651系・E657系

V 東海道本線 〔発売中〕

【掲載路線】
東海道本線・横須賀線・伊東線・相鉄・JR直通線・御殿場線・身延線・飯田線・武豊線・草津線・奈良線・東海道新幹線

【車両ガイド掲載形式】
113系・117系・213系5000番代・215系・E217系・E233系近郊タイプ・311系・313系・221系・225系・103系・207系・321系・251系・185系・371系・373系・EF66形・EF210形

VI 中央・関西・紀勢本線 〔発売中〕

【掲載路線】
中央本線・青梅線・五日市線・小海線・飯山線・篠ノ井線・大糸線・太多線・関西本線・紀勢本線・参宮線・名松線

【車両ガイド掲載形式】
201系・E233系通勤タイプ・E127系・211系・キハ20系・キハ35系・キハ11形・キハ75形・キハE200形・E351系・E353系・383系・283系・キハ80系・キハ85系・EF64形・EH200形

VII 北陸・信越本線 〔予定〕

【掲載予定路線】
北陸本線・七尾線・小浜線・湖西線・越美北線・城端線・氷見線・高山本線・信越本線・越後線・弥彦線・上越線・両毛線・吾妻線・只見線・上越新幹線・北陸新幹線

【車両ガイド掲載予定形式】
115系・E129系・125系・413系・521系・キハ25形・681系・683系・EF81形・EF510形

VIII 近畿圏・山陰本線 〔発売中〕

【掲載予定路線】
大阪環状線・桜島線・片町線・阪和線・関西空港線・和歌山線・桜井線・おおさか東線・JR東西線・山陰本線・福知山線・舞鶴線・加古川線・播但線・伯備線・木次線・境線・美祢線・因美線・山口線

【車両ガイド掲載予定形式】
223系・323系・キハ120形・キハ126系・381系・281系・285系・287系・289系・キハ181系・キハ187系・キハ189系・DD51形

IX 山陽本線・四国各線 〔発売中〕

【掲載路線】
山陽本線・呉線・芸備線・赤穂線・津山線・吉備線・若桜線・宇部線・小野田線・宇野線・姫新線・可部線・福塩線・本四備讃線・予讃線・土讃線・牟岐線・徳島線・高徳線・予土線・内子線・鳴門線・山陽新幹線

【車両ガイド掲載形式】
105系・213系0番代・227系・123形・キハ127系・5000系・6000系・7000系・7200系・キハ32形・1000形・1200形・1500形・8000系・8600系・8700系・キハ185系・2000系・2600系・2700系

X 鹿児島本線・九州各線 〔予定〕

【掲載予定路線】
鹿児島本線・筑豊本線・香椎線・篠栗線・筑肥線・久大本線・豊肥本線・三角線・肥薩線・指宿枕崎線・日豊本線・日田彦山線・後藤寺線・宮崎空港線・吉都線・日南線・長崎本線・唐津線・佐世保線・大村線・九州新幹線・博多南線

【車両ガイド掲載予定形式】
415系・811系・813系・815系・817系・821系・BEC819系・303系・305系・713系・キハ31形・キハ125形・キハ67系・キハ200系・YC1系・783系・787系・883系・885系・キハ71系・キハ72系

参 考 文 献

日本国有鉄道百年史〈各巻〉(日本国有鉄道編／日本国有鉄道)、日本国有鉄道百年写真史(日本国有鉄道)、日本鉄道史〈各巻〉(鉄道省編／鉄道省)。鉄道要覧(国土交通省鉄道局／電気車研究会・鉄道図書刊行会)、日本国有鉄道停車場一覧(日本国有鉄道旅客局編／JTB)、停車場変遷大事典 国鉄・JR編(JTB)、国鉄・JR列車名大事典(寺本光照／中央書院)、列車名変遷大事典(三宅俊彦／ネコ・パブリッシング)、日本鉄道史年表(国鉄・JR)(三宅俊彦／グランプリ出版)、日本鉄道名所〈各巻〉(宮脇俊三・原田勝正編／小学館)、全線全駅 鉄道の旅〈各巻〉(宮脇俊三・原田勝正編／小学館)、鉄道ファン 各号(交友社)、鉄道ジャーナル 各号(鉄道ジャーナル社)、鉄道ピクトリアル 各号(電気車研究会)、ジェイ・トレイン各号(イカロス出版)、新幹線EX各号(イカロス出版)、交通新聞 各号(交通新聞社)、週刊歴史でめぐる鉄道全路線〈各号〉(朝日新聞出版)、週刊JR全駅・全車両基地〈各号〉(朝日新聞出版)、日本鉄道旅行地図帳〈各号〉(新潮社)、JR全車輛ハンドブック〈各号〉(ネコ・パブリッシング)、JR電車編成表〈各号〉(交通新聞社)、JR気動車客車編成表〈各号〉(交通新聞社)、図説 国鉄全史(学習研究社)、図説 日本の鉄道〈各巻〉(川島令三編著／講談社)

STAFF

編　　　　　集	／ 林 要介(「旅と鉄道」編集部)
執　　　　　筆	／ 藤原 浩、杉浦 誠、植村 誠、武田元秀、平賀尉哲、松尾 諭、西森 聡、高橋 徹
校　　　　　閲	／ 木村嘉男、武田元秀
デ ザ イ ン	／ 安部孝司
地　　　　　図	／ ジェオ(小倉幸夫)
写 真 協 力	／ 佐々倉 実、辻阪昭浩、牧野和人、松尾 諭、目黒義浩、岸本 亨、高橋誠一、高橋 徹、PIXTA、Photo Library

※ 本書は2016〜17年に小学館から刊行された『鉄道ペディア』から「鉄道全路線」の項目を中心に再編・加筆し、新規原稿を加えたものです。
※ 本書の内容は2021年2月15日現在のものです。
※ 本書の内容等について、JRグループ各社および関連会社等へのお問い合わせはご遠慮ください。

JR路線大全 Ⅷ

近畿圏・山陰本線

2021年3月22日　初版第1刷発行

編　　　　　者	「旅と鉄道」編集部		
発　 行　 人	勝峰富雄		
発　　　　　行	株式会社 天夢人	〒101-0054　東京都千代田区神田錦町3-1　https://temjin-g.com/	
発　　　　　売	株式会社 山と溪谷社	〒101-0051　東京都千代田区神田神保町1-105	
印刷・製本	大日本印刷株式会社		

内容に関するお問合せ先	天夢人　電話 03-6413-8755
乱丁・落丁のお問合せ先	山と溪谷社自動応答サービス　電話 03-6837-5018
	受付時間　10時-12時、13時-17時30分(土日、祝日除く)
書店・取次様からのお問合せ先	山と溪谷社受注センター　電話 03-6744-1919　FAX 03-6744-1927

■ 定価はカバーに表示してあります。
■ 本書の一部または全部を無断で複写・転載することは、著作権者および発行所の権利の侵害となります。
　あらかじめ小社までご連絡ください。

©2021 TEMJIN CO.,LTD. All rights reserved.
Printed in Japan
ISBN978-4-635-82278-7

鉄道がもっとわかると、鉄道に乗るのがもっと楽しくなる！

鉄道まるわかりシリーズ

鉄道まるわかり010
西日本鉄道のすべて
本体1800円＋税 A5判・176頁

鉄道まるわかり011
通勤電車のすべて
本体1800円＋税 A5判・160頁

好評発売中
001 京急電鉄のすべて
002 小田急電鉄のすべて
003 阪急電鉄のすべて
004 東武鉄道のすべて
005 新幹線のすべて
006 西武鉄道のすべて
007 京阪電鉄のすべて
008 名古屋鉄道のすべて
009 京成電鉄のすべて

※各A5判・176頁
001〜006巻　本体1600円＋税
007・009巻　本体1800円＋税
008巻　本体1700円＋税

［旅鉄BOOKS］シリーズ　好評発売中

032　鉄道制服図鑑
制服鉄の世界
「旅と鉄道」編集部・編
● A5判・176頁・本体1800円＋税

033　キハ40大百科
国鉄型気動車の代名詞
「旅と鉄道」編集部・編
● A5判・160頁・本体1800円＋税

034　世界の鉄道大全集
20以上の世界の鉄道を紹介
「旅と鉄道」編集部・編
● A5判・160頁・本体1800円＋税

035　小田急LSEの伝説
美しき特急、7000形ロマンスカー
「旅と鉄道」編集部・編
● A5判・160頁・本体1800円＋税

036　美しき鉄道橋の世界
鉄道風景を彩る橋たち
武田元秀・著
● A5判・160頁・本体1800円＋税

037　南正時の知られざる廃線
廃線の今昔風景
南 正時・著
● A5判・160頁・本体1800円＋税

038　貨物鉄道読本
日本を支える物流の大動脈
「旅と鉄道」編集部・編
● A5判・160頁・本体1800円＋税

039　ポツンと秘境駅
何もないのにとても気になる秘境駅へ
「旅と鉄道」編集部・編
● A5判・160頁・本体1800円＋税

旅と鉄道 Trains & Travel
発行／天夢人　発売／山と溪谷社

"旅鉄"の愛称で親しまれ、鉄道ファンから、旅好きまで多くの読者に愛されている鉄道旅の魅力を伝える雑誌。ローカル線やSL、絶景列車などのほか、アニメと鉄道、秘境駅など、幅広い特集記事を満載しています。●隔月刊・奇数月21日発売／A4変形判・128頁／本体1000円＋税

発行：天夢人 Temjin　発売：山と溪谷社